用 文 字 照 亮 每 个 人 的 精 神 夜 空

节日里的中国

重阳

杨琳 著

丛书主编 萧放

天津出版传媒集团

天津人民出版社

图书在版编目（CIP）数据

重阳 / 杨琳著. -- 天津：天津人民出版社，
2022.10
　（节日里的中国 / 萧放主编）
　ISBN 978-7-201-18784-6

Ⅰ.①重… Ⅱ.①杨… Ⅲ.①节日 – 风俗习惯 – 中国
Ⅳ.① K892.1

中国版本图书馆 CIP 数据核字 (2022) 第 166255 号

重阳
CHONGYANG

出　　版	天津人民出版社
出 版 人	刘　庆
地　　址	天津市和平区西康路35号康岳大厦
邮政编码	300051
邮购电话	（022）23332469
电子信箱	reader@tjrmcbs.com

责任编辑	李　荣
装帧设计	欧阳颖

印　　刷	北京金特印刷有限责任公司
经　　销	新华书店
开　　本	889毫米 ×1194毫米　1/32
印　　张	7.75
字　　数	200 千字
版次印次	2022年10月第1版　2022年10月第1次印刷
定　　价	62.00元

目录

壹

重阳的起源

重阳的产生

农历九月九日是传统节日重阳节。在古代的阴阳五行系统中，世间万物被分成阴阳两类，数字也不例外，具体来说就是单数为阳，偶数为阴。九月九日是两个阳数相重，故称重阳，也叫"重九""九月九"等。那么重阳节是什么时候出现的呢？自古以来有三种说法。

战国说

现代学者大都认为重阳节产生于战国时代。如范玉梅在《中国的民间节日》中说："重阳节，早在我国战国时代就已形成，到了汉代，重阳节逐渐盛行起来。"罗启荣、阳仁煊在《中国传统节日》中说："重阳节在战国时代已成风俗。"叶大兵、乌丙安主编的《中国风俗辞典》"重阳节"条："一般认为始于先秦。"王景琳、徐匋主编的《中国民间信仰风俗辞典》"重阳节"条："重阳节于战国时已初露端倪，至汉代已有了食蓬饵、佩茱萸、饮菊花酒的习俗。"

说重阳节产生于战国时代，根据何在？持此观点的人大都不作交代。个别人仅举《楚辞·远游》中的下面两句诗作为证据："集重阳入帝宫兮，造旬始而观清都。"这一证据是不能成立的。且不说不少学者认为《远游》不是屈原的作品，而可能是西汉甚至东汉人的作品，就文意来看，这里的"重阳"也只是个空间概念，指天空。宋代的洪兴祖解释说："积阳为天，天有九重，故曰重阳。"《远游》中那两句诗的意思是说，到了天上进入天帝的宫殿，造访旬始星参观帝都，这说的是诗人想象中的天上游览活动，跟重阳节毫无关系。

明代罗颀在《物原·事原第十八》中说："齐景公始为登高及竞渡。"清代陈廷敬云："齐景公始置重阳，始为登高。"齐景公是春秋时期的人，这也许是有些人相信战国时期已有重阳节的根据。《物原》是一部记载耳食游谈之事的书，正如清代纪晓岚主编的《四库全书总目提要》中所评价的："溷众说而一之，疏舛弥甚，如谓乌孙公主作琵琶，张华作苔纸，皆茫乎不知本事者也。"西汉刘向在《说苑·尊贤》中记载说："齐景公伐宋，至于岐堤之上，登高以望。""齐景公始为登高"的说法或许是这一记载的附会，不能仅据"登高"二字就认定当时已有重阳节，见骆驼便说马背肿是不行的。

在先秦文献中，我们目前还没有见到任何有关重阳节的记载，没有根据说重阳节先秦时期已经存在。

西汉说

旧题西汉刘歆撰写的《西京杂记》卷三中有这样的记载：

> 戚夫人侍儿贾佩兰后出为扶风人段儒妻，说在宫
> 内时……九月，佩茱萸，食蓬饵，饮菊花酒，令人长
> 命。菊花舒时，并采茎叶，杂黍米馕之，至来年九月
> 九日始熟，就饮焉，故谓之菊花酒。

戚夫人是汉高祖刘邦的妃子，照此说来，汉初重阳节就已在
流行了。不少人就是据此认为重阳节产生于西汉。事实上《西京
杂记》是晋代葛洪编撰的，假托于刘歆之名，这在学术界已有定
论。晋代人讲述西汉时期的事，毕竟只是传说，我们在西汉时期
的文献中见不到重阳节的蛛丝马迹。晋代干宝的《搜神记》卷二
中也有这样的记载，可见是当时流行的有关重阳节起源的传说。
把节日的起源归结为某个传说故事是民间最常见也是最能为大众
所接受的起源解释，而科学的解释则需要可靠的证据。

东汉说

日本学者中村乔认为重阳节的最早记载为三国时期曹丕的

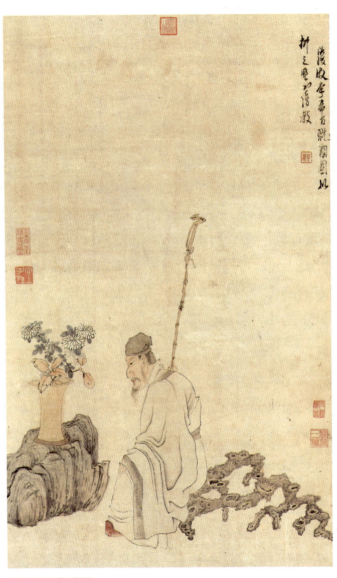

〔明〕陈洪绶《玩菊图》

《与钟繇书》[1]，其实最早提到重阳风俗的应该是东汉崔寔的《四民月令》。这是一部专门记载一年十二个月里的民俗活动的书，每月一卷，虽然九月卷没有完整地流传下来，但其他典籍转引的不少。《艺文类聚》卷八十一引《四民月令》曰："九月九日可采菊花。"简单的一句话，却明确无疑地告诉我们，东汉时期九月九日有采菊的习俗，说明当时重阳节已经出现。《北堂书钞》卷一百五十五引汉末士孙瑞给皇帝奏章中的话说："兴平[2]二年（195）秋，朝廷以九月九日赐公卿近臣饮宴。"这条资料表明，汉献帝时期朝廷有重阳赐宴的做法，这应该是遵行早先的惯例。汉献帝自当上皇帝，一直就是个傀儡。他先是被董卓挟持，后又被曹操控制，不仅没有任何权力，连身家性命也没有保障，在这种处境下，他可是没有心情在朝中"赐宴"过节的，只能是受人安排出面应付旧仪而已。

曹丕的《与钟繇书》是《四民月令》之后更为详明的记述。原话是这样的：

> 岁往月来，忽复九月九日。九为阳数，而日月并
> 应，俗嘉其名，以为宜于长久，故以享宴高会。是月

1　中村乔《中国の年中行事》，（日本）平凡社1988年版，第194页。

2　兴平为汉献帝年号。

律中无射，言群木庶草，无有射地而生。至于芳菊，

纷然独荣。非夫含乾坤之纯和，体芬芳之淑气，孰能

如此？故屈平悲冉冉之将老，思飧秋菊之落英，辅体

延年，莫斯之贵。谨奉一束，以助彭祖之术。[1]

　　崔寔、士孙瑞和曹丕的记述前后衔接，形成一个连贯的证据链条，使我们清楚地看到重阳节在东汉末期流行的状况。

　　晋代以降，提及重阳节的文献屡见不鲜，反映了重阳节已风行天下的事实。西晋周处的《风土记》中记载说：

　　汉俗九日饮菊花酒，以被除不祥。

　　九月九日，律中无射而数九，俗尚此日折茱萸房

以插头，言辟除恶气，而御初寒。

　　这里将"九日饮菊花酒"指为"汉俗"，可以跟《四民月令》的记载相印证。

1　"律"是古代音乐中用来确定音的高低的竹管，一共有十二个，称"十二律"，分别是太簇、夹钟、姑洗、中吕、蕤宾、林钟、夷则、南吕、无射、应钟、黄钟、大吕。古人把十二律跟一年十二个月相配，"无射"配的是九月，"是月律中无射"说的就是这种搭配关系。

根据上面的论证，我们可以得出这样的结论：重阳节应产生于东汉，而兴起于战国或西汉的说法则未见有什么可靠的依据，是不可信的。

至于重阳节的发源地，文献中没有记载。崔寔的《四民月令》记载的是全国流行较广的习俗，没有地域特点，不像南朝梁宗懔的《荆楚岁时记》专记荆楚一地的风俗。有一种颇为流行的观点认为，重阳节的起源地为今天河南省的上蔡县。国家邮政局为纪念2003年的重阳节，专门发行了一套特种邮票，邮票的首发式就是在上蔡县举行的。[1]2005年12月，中国民间文艺家协会授予上蔡县"中国重阳文化之乡"的称号。

我们认为重阳节起源于上蔡的说法是经不起推敲的。上蔡说的依据是南朝梁代吴均在《续齐谐记》一书中记录的一个故事（见《五朝小说大观》）。

> 汝南有个叫桓景的人跟随一个叫费长房的术士学习法术。有一天，费长房对桓景说："九月九日你家将有灾难，这一天不能待在家里。你们全家每人应该做一个绛囊（红色的小袋子），里面装上茱萸，挂在手臂上，然后外出登高饮酒，这样就可以避免灾难。"

---

1 许笑雨《重阳佳节"上蔡造"》，《大河报》，2003年12月26日。

吴均讲了这个故事后说："今世人九日登高饮酒，妇人带茱萸囊，盖始于此。"可以看出，吴均讲故事的目的是为了说明重阳节登高饮酒及佩戴茱萸囊这两种习俗的由来。

　　费长房历史上确有其人，《后汉书·方术列传》有他的传，但传中没有上面的内容，也没说费长房具体是什么年代的人。西晋张华在《博物志》卷五《方士》中说：曹操讲究养生保健，身边招引了一大批擅长各种法术的人，有的能不食五谷，靠呼吸吐纳生存，有的能分身，有的能隐形，有的会穿墙，等等，其中就提到了"汝南费长房"。费长房既然在曹操门下当方士，可见是汉末三国时期的人，而比费长房略早的崔寔在《四民月令》中就已经记载了重阳节的习俗；而且跟费长房同时的曹丕在《与钟繇书》中提到当时社会上流行的重阳节时也只是说"俗嘉其名"，张华《博物志》中的说法就是来自曹丕等人，如果重阳节真是由费长房引发的，曹丕岂有不知之理？这都表明重阳节在费长房之前已经存在。费长房让桓景九月九日避难消灾的说法是南朝梁代才出现的，是后世为解释重阳节的由来而编造的神奇故事。

　　另外，汝南在东汉是郡，下辖三十七个县，不知从何得知桓景全家登山的事发生在上蔡县？若就郡治而言，当时的治所在平舆县（河南平舆县北）。若就费长房的家乡而言，应该是今天的新蔡县。《后汉书·费长房传》中记载，费长房向一位老翁学

〔清〕许良标《仙人图》

法术，学成后辞别回家。老翁给了他一根竹杖，说："骑上这根竹杖，瞬息就可以到家。到家后把竹杖扔进葛陂中。"费长房骑着竹杖，转眼就到家了。到家后遵照老翁的吩咐，把竹杖投进了葛陂，看到竹杖变成了一条龙。葛陂是费长房家乡的一个湖，根据唐代李贤的解释，这湖在"豫州新蔡县西北"。《辞海》中介绍，"葛陂，古湖泊名。在今河南新蔡北。上承澺水（洪河），东出为鲖水、富水等注入淮河。周围三十里。今堙。"这表明费长房是新蔡县人。如果说费长房跟重阳节的起源有关的话，那起源地也应该是新蔡县，而不是上蔡县。

至于桓景其人，东汉三国时期的文献中不见记载。东晋成帝时期倒是有一个叫桓景的人。《宋书·符瑞志中》记载，"晋成帝咸康二年七月，白鹿见豫章望蔡，太守桓景获以献。"传说中有可能把这个桓景跟术士费长房牵合到了一起。因为汝南隶属豫州，而这位太守在"豫章"（南昌）；汝南是古蔡国所在地，是蔡姓的发源地，有新蔡、上蔡等县，而这位太守在"望蔡"之地获白鹿献给了皇帝，于是南北朝时期的人们在口耳相传中把他从豫章移到豫州，演绎了一出"关公战秦琼"式的历史闹剧。

如果违背历史事实，捕风捉影、移花接木，乃至信口开河（如有多个县宣称自己是孙悟空的故里），那就是作践传统文化了，其结果将会使"传统文化"的招牌污名化，最终会失去吸引力。

重阳节的起因

重阳节的起源地虽然无可考索，但它的起因还是有迹可循的。自古以来主要有四种解释，即求寿说、尝新说、避邪说、大火星祭仪说，下面来看看各说的具体论述。

求寿说

曹丕在《与钟繇书》中说："俗嘉其名，以为宜于长久。"《西京杂记》中说："九月九日佩茱萸，食蓬饵，饮菊花酒，令人长寿。"又宗懔《荆楚岁时记》："九月九日四民并藉野饮宴。"隋代杜公瞻注："九月九日宴会未知起于何代，然自汉至宋未改。今北人亦重此节，佩茱萸，食蓬饵，饮菊花酒，云令人长寿。近代皆设宴于台榭。"这都是说过重阳节的目的是为了追求长寿。

尝新说

《玉烛宝典》中记载："九日食蓬饵饮菊花酒者，其时黍秫并收，以因黏米嘉味，触类尝新，遂成积习。"这是说九月初庄稼成熟，人们选择九日这一天举行尝新活动，渐成习俗，成了节日。与此相近的是"庆丰收说"。范玉梅《中国的民间节日》中说："重阳节，实际上是我国农民喜庆丰收的一个节日。农历九月，正是金色的秋收季节，加之'九'与'久'谐音，'久久'又有'宜于长久''年年丰收'的意思，故于重九日有庆祝风俗。"阴法鲁、许树安主编《中国古代文化史》第三册："九月秋季，中国南北方的农作物收获期大体结束，频繁的报赛[1]活动也在九月告一段落，这时便有了重阳节。江西《上高县志》载：'九十月间收获已毕，农家设办祭品以祀神，名曰秋社，一以报土谷，一以庆丰年。'云南在九月朔日至九日礼北斗祈年。浙江宁波则在九月由各坊巷组织社火以庆丰收。在这里，重阳节就是尝新粮的丰收节。"

避邪说

上引《风土记》中说过重阳节是为了"被除不祥""辟除恶气"，但没说重阳节会有什么不祥。避邪说中影响最大的是南朝梁吴均《续齐谐记》中讲的费长房让桓景登高避灾的故事，其中讲了重阳节可能发生的灾难是人及牲畜的死亡，所以要设法消除。虽然将重阳节的起因归结于费长房的几句谶语是站不

---

1 报赛，古时农事完毕后举行的谢神的祭祀。

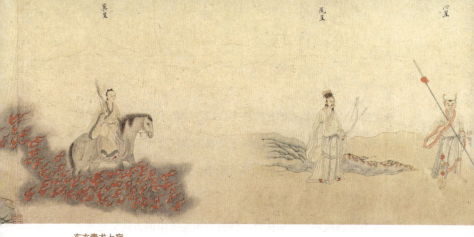

东方青龙七宿
〔明〕仇英《五星二十八宿神形图（局部）》

住的，但这个故事在重阳节的发展史上产生的影响却是广泛而深远的，由此还产生了重阳之日牲畜散放田野的习俗。

大火星祭仪说

大火星是一颗亮度很高的恒星，为二十八宿中的心宿，西方天文学中叫天蝎座 α 星。中国古代曾根据大火星的运动规律来安排生产，指导人们的生活。相传颛顼统治天下的时代设有"火正"之职，其官员的职责就是观察大火星的出没和方位，以此为据编制历法，这种历法叫"火历"。春秋时期，在中原地区夏历六月的黄昏时分，大火星出现在正南天空，七月以后逐渐向西移动，标志着暑热将退，天气转凉。《诗经·豳风·七月》中所说的"七月流火"就是指大火星的西移现象，"流"是向下移动的意思，"火"指大火星。到了九月，黄昏

时就看不到大火星了，称为"火伏"。直到来年三月，大火星才在黄昏时分出现在东方天空，称为"火出"。有人认为大火星的消失使古人失去了时间坐标，从而产生莫名的恐惧，所以他们"要举行相应的送行祭仪"，"祈求'大火'再生，让人们重新获得'天时'"，重阳节就是源于这种祭祀大火星隐退的仪式。[1]

对避邪说的论证

以上四说中以避邪说影响最大，也最近事理。但由于未曾做过论证，无以取信于人。今证成其说，庶几使真相大白于天

1　萧放《岁时——传统中国民众的时间生活》，中华书局2002年版，第193、199页。

下，而异说息声于后世。

其一，自重阳节流行以来，遵从重阳习俗的人们大都信奉重阳节为避邪之日的说法。如南朝梁代丘迟的《九日侍宴乐游苑》诗中说：

朱明已谢，蓐收司礼。爰理秋祓，备扬旌斾。

"朱明"是夏季的意思。"蓐收"是古代传说中西方的神，主管秋季。"祓"是为除灾去邪而举行的祭礼。这几句话的意思是说夏季已过，秋意正浓，为过重阳节，皇帝驾车出游。把重阳节的活动称为"秋祓"，其祓除不祥的旨趣可知。其他如唐代赵彦伯《奉和九日幸临渭亭登高应制得花字》诗：

簪挂丹萸蕊，杯浮紫菊花。
所愿同微物，年年共辟邪。

宋代吴自牧《梦粱录》卷五《九月》：

今世人以菊花、茱萸浮于酒饮之，盖茱萸名辟邪翁，菊花为延寿客，故假此两物服之，以消阳九之厄。

安徽《太平府志》：

重阳日携酒登高，插茱萸，远望，以避邪秽。乡俗馈糍糕。芜邑乡村是日击鼓喧哗，以驱狸豕，谓之禳灾。

安徽《铜陵县志》：

九月重阳为龙烛会，以迎官山神。民间置糍糕颁食，互相遗馈，戏竹马逐疫。

吉林《抚松县志》：

九日为重阳节，多登高眺望，谓可避灾，亦师古之意也。

山西《寿阳县志》（清光绪八年刻本）：

九日饮菊酒，佩茱萸，登高，以为避火灾。

火属阳，故以阳九日避火灾。在上引这些资料中，不同

〔明〕张穆《牧牛图（局部）》

时代、不同地方的人们过重阳节时用"辟邪""禳灾""逐疫""避灾"等词语表述他们的行为动机，这表明重阳避邪是古来代代相传的俗信。

其二，有些地方九月九日这一天要将家畜放纵于田野，不能关在圈里。安徽《怀宁县志》：

> 九月九日乡俗多以糖饴巨胜杂黏米为糍饷食，且以饲牛而放牧之。谚云："九月重阳，散放牛羊。"自后弛牲畜之禁，听逐水草焉。

广西《隆安县志》：

> 九月九日，牛羊纵放。俗曰："九月九，牛羊各自守。"

《中华全国风俗志》上篇卷一引顺天《三河陈志》：

> 九月九日，乡农散工，开六畜栏，牧于田野。

吉林《桦甸县志》：

> 初九日，乡间多于是日祀胡、黄二仙。家畜牛马各牲，此后可以任便放野，俗谓"撒群"。[1]

这一习俗跟东汉桓景九月九日家畜暴死的故事有联系。桓景因将家畜关在栏里而暴死，后人为了保护家畜，将其放纵于野，以免灾难。这表明人们相信九月九日是个必须避忌的日子。

其三，有些地方重阳节有抛掷某物以转移晦运的习俗。如

1　《中国地方志民俗资料汇编·东北卷》，书目文献出版社1989年版，第292页。

江西萍乡地区在过重阳节的时候，要到近郊的宝塔岭登高。宝塔岭是一座高约二十丈的小山丘，山脚下种植了大片柑橘。重阳节正是柑橘成熟的时候，登高的人都要购买柑橘带上山。人们买柑橘不是为了吃，而是为了互相投掷。一些贫寒人家的孩子争着捡拾柑橘，他们也就成了人们乐意掷击的对象。柑橘可不像西红柿那么软，打到身上是很疼的，打得鼻青脸肿是常有的事，当地人却乐此不疲。因为"俗传人有晦运，逢重阳掷柑，若掷中拾柑之人，晦运即可移至彼身"。原来掷柑是为了转移晦运，这种行为带有接触巫术的思想意识。按照这种思想意识，我身上的晦运可以转移到我接触过的物品上，当我把这物品扔给别人时，晦运也就随着物品离我而去。前些年我们还能在一些行人过往的道路上看到中药渣，倒药者的动机就是转移给他造成疾病的邪祟。在广州地区，重阳之日小孩则互掷石块为戏，称为"重阳桀石"。[1] 寻其缘起，亦当与掷柑的动机是一样的。投掷柑橘和石块的前提是相信九月九日有晦运降临，故须加以转移。端午节也是一个避邪的节日，所以有些地方端午这天也有投石之举。广东《阳江县志》："乡人又于城西相打，冈分

---

1 宋兆麟、李露露《中国古代节日文化》，文物出版社1991年版，第149页。

上下方，掷石角胜。……迭经官绅谕禁，迄未能止。"[1]这可以跟重阳节比照互证。

世界其他地区也有类似的投掷活动。如西班牙东部瓦伦西亚（Valencia）地区的布尼奥尔（Bunol）小镇每年八月最后一个星期三有互相投掷西红柿的"西红柿节"。意大利北部小镇伊夫雷亚（Ivrea）每年天主教四月斋开始前3天，举行"橘子大战"。关于"橘子大战"的起源，流行的说法是，中世纪伊夫雷亚的统治者是邪恶残忍的领主拉涅里·比安德拉特，他要求当地每一位新娘在举行婚礼的当天晚上必须先跟他同房。后来一个磨坊主的女儿维奥莱塔结婚时，在新婚之夜用事先藏好的斧子砍死了比安德拉特，在她的鼓舞下，当地居民起义攻占了比安德拉特的城堡，并将它烧毁。从那以后，伊夫雷亚居民就将橘子作为比安德拉特的脑袋掷来掷去，日久天长演变成了"橘子大战"。这一解释中，橘子是邪恶的象征，所以人们投向他人以避邪，这跟重阳掷柑的动机是一致的。

其四，不少地方重阳节有放风筝的习俗，南北皆有。北方如河南《清丰县志》载：

1　《中国地方志民俗资料汇编·中南卷》，书目文献出版社1991年版，第843页。

重阳士大夫仿古遗事，率登高饮菊花酒，儿童放纸鸢为戏。

陕西《城固县志》：

九日儿童登高，竞放风筝，日迎寒。

南方不少地方也有重阳放风筝的习俗。如福建海澄地区把风筝称为风槎。不光白天放，晚上也放。晚上放的时候在风筝上拴上蜡烛，无数风筝在天上摇曳，犹如闪烁的银河一般。广东的平远、阳江等地也盛行重阳放风筝。阳江地区的风筝式样众多，鸟兽蝴蝶之状应有尽有。有一种叫"台云"的风筝，上面绑了用藤做的弓，能在半空发出嘹亮的声响。广西桂平有叫登高岭的地方，九月九日百姓登岭放风筝为乐。

放风筝在古代并不是单纯的娱乐活动，在民俗观念中它具有放去灾邪、除去晦气的心理寄托。《红楼梦》第七十回写暮春三月潇湘馆结社填词的活动，忽有一蝴蝶风筝落挂竹梢。黛玉见状，说："知道是谁放晦气的，快掉出去罢。把咱们的拿出来，咱们也放晦气。"于是宝玉打发丫鬟去拿他的风筝，谁知已被晴雯放走。探春宽慰宝玉说："横竖是给你放晦气罢了。"紫鹃将黛玉的风筝线放了，风筝随风而去。紫鹃说："这一去把病根儿可都带去了。"福建《漳州府志》记载："九月登高，童子作风鸢放于野，方言谓之放公灾。"有些地方人们放风筝时把姓名写在风筝上，风筝飞上天空后就把线扯断，认为这样风筝就可以带走一年中遇到的晦气。人家放走的风筝是不能捡回来的，捡来别人的风筝意味着把别人的晦气带到自己身上。

这种风筝可放去晦气的观念由来已久。据《南史·侯景传》记载，梁武帝末年，侯景发动叛乱，国都建康的外城已被攻破，皇帝百官被围困于内城台城，与外隔绝，无法向外求救。当时有个叫羊车儿的人想出了一个办法，他用纸糊了一只乌鸦形的风筝，把皇帝的诏书藏在风筝里，然后将风筝放飞，希望能落到官军的手里。叛军看到风筝后感到十分害怕，认为是"厌胜之术"，赶紧射了下来。"厌胜"是古代流行的一种巫术，实施这种巫术者用他认为附有某种魔力的物品去加害对方、制服对方。叛军将对方放风筝的做法理解为"厌胜"之术，这说明当时放风筝就有消灾移祸的巫术意义。直到今天，不少地方仍非常忌讳断线风筝落入自家庭院，认为会带来晦气。我小时候放风筝时，风筝不慎挂在了一棵高大的白杨树上，住在白杨树旁边的一户人家就很不高兴，尽管风筝并没有落到他们家里。从原始思维来讲，风筝放晦气与上面所说的投物移灾邪一样，都是源于"接触律"的原始思维法则。

其五，重阳节还有一个传统，那就是人们喜欢用五色来装点气氛。常见的是把重阳糕做成五色的。河北《庆云县志》：

> 九月九日婚姻家相馈，用面为糕，五色错杂，谓之重阳糕。

《中华全国风俗志》载江苏吴中风俗云：

> 重阳日居人食米粉五色糕，名重阳糕。

正因如此，有些地方直接把重阳糕称为五色糕。《太平御览》卷三十二引《卢公范》：

> 凡重阳日上五色糕、菊花枝、茱萸树，饮菊花酒，佩茱萸囊，令人长寿。

《中华全国风俗志》上篇卷三引《金华府志》：

> 九日佩萸泛菊，蒸米作五色糕。

北宋时期，首都汴京（开封）流行的重阳糕上饰有用五色米粉塑成的狮子及蛮王（少数民族的首领）的形状，上面还插上多面彩色小旗，点缀上用栗子泥拌和麝香糖蜜制成的五色弹儿，名为"狮蛮栗糕"，五色的特点非常突出。江苏常熟一带过重阳节时，儿童把五色纸黏接成一二丈长的彩带，黏在竹竿顶端，插在庭院里，叫"放纸条"。至于登山或登佛塔时携带的彩带，那就更长了，有的甚至长达五十余丈。南京人过重阳节时，把五色纸凿成小三角，连缀成旗，插在院中。重阳之时，菊花盛开，有些茶馆为招徕生意，用五色菊花堆叠成山，高下参差，颇为壮观。

在民俗观念中，五色具有避邪消灾的功效。《玉烛宝典·五月仲夏》引东汉应劭《风俗通》云：

夏至、五月五日，著五采避兵，题曰"野鬼游光"。俗说五采以厌五兵。

"五采"指五彩丝，又称五色缕、长命缕、续命缕、朱索等，是端午节的传统厌胜物。《后汉书·礼仪志》中记载说，五月五日要以"朱索、五色印为门户饰，以难止恶气"。在端午节的起源传说中，屈原显灵于世人，说他们的祭品常为蛟龙所食，希望今后"以楝树叶塞其上，以五色丝缚之，此二物蛟龙所惮也"。战国时期齐国的大将田单用"火牛阵"击退了燕军的进攻，"火牛"身上就"画以五彩龙文"，这"五彩龙文"大约就是起厌胜的作用。远古神话中，女娲用来补天的材料不是别的，正是五色石。如果说天上裂开的大洞是邪恶势力的象征的话，五色石就是镇邪的法器。重阳节喜欢用五色装点节日同样体现了避邪的初衷。

另外，重阳节还有一些奇特的地方性习俗。比如在绍兴一带，为了避免传播晦气，重阳节忌讳互相走访。《绍兴府志》：

> 九月重阳日俗忌不相过，必有丧者乃往哭其灵几，且致祭焉。不知所始。

四川有些地方重阳节有卖解毒药的传统。如唐宋时期，成都每逢重阳节，当地的大慈寺里自发形成药市，药市上卖得最火的是解毒药。有些卖解毒药的商人卖药的方式很神秘。商人假装成神仙藏在帐篷内，从窗缝间喊一声"卖药"，人们赶紧把钱投到窗前的器皿里，商人就从窗缝间送出一粒解毒丸，声称一粒解毒丸能救一条人命。买药的人大都相信这药丸是神仙送出来的。重阳节卖解毒丸，且神秘其事，以神仙惑众，这也跟重阳节避邪的主旨相通。

有些地方重阳节也吃粽子。明代谢肇淛《五杂俎》卷二《天部二》：

九日作糕，自是古制，今江浙以北尚沿之。闽人

乃以是日作粽，与端午同，不知何取也。

浙江桐庐地区在重阳节也吃粽子，而且互相馈赠，称为重
阳粽。粽子原本也是避邪用的。《襄阳风俗记》记载，屈原五
月五日跳入汨罗江自尽后，他的妻子常把食物投到汨罗江里祭
祀他。屈原托梦告诉妻子说："你给我的食物都被蛟龙抢走了，
我什么也没有吃着。"蛟龙害怕五色丝和竹子，所以屈原的妻
子就用竹筒做粽子，上面缠上五色丝，投到汨罗江里。"今俗
其日皆带五色丝、食粽，言免蛟龙之患也。"可见粽子是用来
避蛟龙之患的。

节日习俗是达到节日目的的方式行为，因此节日动机本身
就包含在节日习俗当中。综合上述种种节日民俗事象来看，重
阳节避邪的主旨显然可见。而将九月九日这一天作为节日，更
能说明重阳节的动机所在。

关于重阳节的得名，曹丕早就做过说明，在中国古代文
化中九为阳数，日月数皆为九，故称重阳。但重阳之日为什么
会成为节日呢？古代将从事占星、相面、堪舆、占候等活动以
预测吉凶祸福的人通称为术数家。术数家以4617年为一个周
期，称为一元。他们认为一元当中每隔若干年就会出现一个灾
年，一元中共有57个灾年，他们给这些灾年取了"阳九""阴

九""阳七""阴七"等名目，都是阳数。《汉书·律历志上》对此有较为详细的介绍。三国时期的学者如淳说："正以九七五三为灾者，从天奇数也。"意思是说，九、七、五、三之所以是灾厄之数是因为奇数为阳，这类灾害是由上天造成的，天为阳，故天灾降于奇数之时。

这种阳九为灾数的观念在汉以来的文献中多有反映。《汉书·食货志上》中记载：王莽末年连年发生灾荒，百姓饥寒交迫，甚至出现了吃人的现象。王莽便向大臣们说："予遭阳九之厄，百六之会，枯旱霜蝗，饥馑荐臻，蛮夷猾夏，寇贼奸宄，百姓流离，予甚悼之。"把灾厄归于阳九。曹植《汉二祖优劣论》中也有"值阳九无妄之世"的说法。南朝宋代谢灵运《顺东西门行》诗：

闵九九，伤牛山，宿心载违徒昔言。

"闵九九"是说为重九灾厄而悲伤，重九就是重阳。南朝陈徐陵《为陈武帝作相时与岭南酋豪书》：

近者数钟九厄，王室中微。

这是说近年来多次遭受阳九之厄，王室中衰了。从这些

古画中的谢灵运（图中冠者）形象

〔清〕上官周《庐山观莲图》

记述中不难看出，自西汉末期之后，阳九为灾日的观念已深入人心，这是重阳节兴起并流行的群众基础。一九谓之凶，重九则是凶上加凶，自然要加以避忌，于是便有了重阳节。

另外，民间传说还喜欢把凡人得道升仙的日子说成是九月九日。如明李贤等撰《明一统志》记载：道教的创始人张道陵在东汉永寿二年（156）九月九日"与夫人雍氏登云台峰，白日升天，时年一百二十三岁"。《太平广记》中说跟张天师一起升天的是孙夫人。这本来就是编造的故事，我们姑妄听之即可，无须较真。唐李冲昭《南岳小录》中说有个叫徐灵期的真人在宋元徽二年（474）九月九日升天了，北宋高承《事物纪原》卷八《药市》中提到唐代的王昌遇在大中十三年九月九日得道升天。清代觉罗石麟等撰《山西通志》记载：元代的张可昙从小喜欢道术。至元六年（1340）的重阳节，他向人们宣告："明年此日我乃与汝等别矣。"到了第二年的九月九日，他果然驾鹤西去了。黄帝被道教奉为始祖，相传他也是九月九日乘龙升天的。这种九月九日升天的说法跟阳九为灾厄之数的观念有内在联系。九为阳数之极，物极必反，既然到了极限，就会向相反的方向转化。对于普通百姓来说，阳九的转化意味着现有生命的毁灭，所以要到高山上寻求庇护。但对于仙人来说，阳九正好是脱胎换骨的契机。因为按照神仙说教，仙人是长生不死的，因此只好把阳九带来的毁灭解释成驾鹤升天，以维护"长生不死"这一神仙信仰的内核。这就是仙话中喜欢把仙人的升天定在九月九日的原因。

由此看来，重阳节源于避邪是最有说服力的起源学说。不过求寿说也并非全无是处。事实上避邪消灾最主要的目的是要避免或消除邪恶对个体生命的侵害，保持个体生命的健存，而个体生命的健存就是长寿，所以"求寿说"与"避邪说"本质上是相通的。正因如此，《梦粱录》中同时用"避邪翁"茱萸和"延寿客"菊花来消阳九之厄，二者并行不悖。不过从源流关系上来看，求寿是从避邪的动机中派生出来的，是避邪的副产品，不能视为重阳节的原始动因。

至于尝新或庆丰收说则很难解释重阳节的种种习俗，应该是后来延伸的节日事象，而非起因。节日总是少不了大快朵颐的美食，而重阳节正值丰收之时，所以也融入了尝新及庆丰收的内容。大火星祭仪说跟重阳节的产生时间龃龉不合。对大火星的祭祀流行于春秋以前，战国以后便逐渐消亡了，而重阳节产生于东汉时期，一个早已消亡的事象不可能成为数百年后才出现的事物的起因。

六朝时期的重阳节

东汉至南北朝时期，后世重阳节的各种习俗已基本形成，如采摘菊花、登高宴饮等。这些典型的重阳节民俗事象我们留到后面《重阳的节令风物》一章中专门讲述，本章主要讲一些流行不是很广或不大为今人熟悉的习俗。

晋代江南一些地方重阳节时给妇女放假，这一天妇女们可以不干活。为什么妇女这一天要休息呢？晋代人用这样一个故事来解释：

有个姓丁的女子十六岁就嫁到了淮南全椒县（安徽全椒）的谢家。她的婆婆经常折磨她，每天给她安排一大堆的活，如果干不完，就棍棒相加。由于不堪忍受婆婆的折磨，这位丁氏女便在九月九日上吊自杀了（这符合重阳日有灾厄的民俗观念）。死后她经常显灵于人间，借巫婆神汉之口告诫世人说："各家女子一年四季干活太辛苦，让她们九月九日这一天不要做任何事情。"这事传开后，人们不敢得罪鬼神，便

把九月九日作为女子的休息日。人们把丁氏女称为丁

姑，到处都开始祭祀她。（《搜神记》卷五）

　　九月九日给妇女放假的习俗后来一直流传着，地域也不限

于江南，人们也因此而把重阳节叫"女儿节"。已婚妇女一般

要回娘家过节。如明代刘侗、于奕正《帝京景物略》卷二《春

场》：九月九日这一天，北京地区"父母家必迎女来食花糕，

或不得迎，母则诟，女则怨诧，小妹则泣，望其姊姨，亦曰女

儿节"。河北《张北县志》："各家搬女归宁，因秋收完毕，

休息之意。故谚云：'九月九，搬回闺女息息手。'"《天津

志略》：重阳节"居民多食羊肉火锅，又食花糕，盖以麦粉为

糕，置枣、栗、糖、果于上者也。父母必迎其出嫁之女同食之，

故亦曰女儿节"。山西晋南地区也有这一习俗，重阳节妇女不

干农活。看来重阳节确是我国古代的"妇女节"。

　　南北朝时期，还流行重阳节骑马射箭的游戏。南朝梁萧子

显《南齐书·礼志上》：

　　九月九日马射。或说云秋金之节讲武习射，像汉

立秋之礼。……宋武为宋公，在彭城，九日出项羽戏

马台，至今相承，以为旧准。

这是说南北朝的重阳骑射习俗沿袭了汉代的立秋之礼，也有人认为是从宋武帝刘裕开始的。立秋之礼应该在农历七月，重阳已近秋末，所以汉代的立秋礼跟南北朝的重阳骑射没有直接的关系，源于宋武帝九日骑射的说法比较可信。南北朝时期战争频繁，秋季又是农作物丰收的时节，此时国与国之间容易发生抢夺粮食的战斗，所以出现了以习武为内容的重阳节俗。正因如此，这种习俗主要流行于官方，而非普通百姓。参加骑射活动的不仅是朝中官员，京畿周围的高官有时也应敕参加。《魏书·裴粲传》记载，裴粲曾得罪了高阳王元雍。后来朝廷在重阳节举行马射活动的时候，皇帝下诏京畿以内的太守都赴京参加。元雍当时是州牧，裴粲不得不按礼节前去拜见。元雍怒气冲冲地接见裴粲，想给裴粲一点颜色看看。但裴粲气定神闲、举止优雅，翩翩风度使高阳王折服，怒气不知不觉中消散了。这则故事表明南北朝时期九日骑射的规模很大，是重阳节的重要内容。

唐宋时期的重阳节

唐宋时期沿袭了南北朝的射箭传统，每年九月九日皇帝都要赐朝中百官举行射箭比赛。唐代韦绚的《刘宾客嘉话录》中说，每年九月九日皇帝都要赐朝中官员射箭，射中鹿，赏一匹马；获

〔唐〕佚名《春郊游骑图》

得第一名，奖赏绫罗；其他各名次也有多少不等的奖赏。据北宋王溥《唐会要》卷二十六《大射》记载，贞观十六年（642）九月九日，唐太宗赐文武官员五品以上射箭于玄武门；先天元年（712）九月九日，唐玄宗御临安福门，观赏百官射箭，这次射箭活动整整持续了八天才告结束。射箭活动之所以要皇帝恩赐：是因为一方面准许百官不办公务，等于放假；另一方面国家还要拿出大量的钱财作为活动经费。由于重阳射箭花费不小，所以有些正直的官员建议停止举办这一活动。开元八年（720）九月，唐玄宗赐百官重阳射箭。大臣许景先上奏章说："近三九之辰，频赐宴射，已著格令，犹降纶言。但古制虽在，礼章多阙，官员累倍，帑藏未充，水旱相仍，继之师旅，既不以观德，又未足威边，耗国损人，且为不急。"意思是说重阳射箭没有什么实际意义，而那些大臣热衷射箭不是为了修身养德，而是为了获得奖品。"鸣镝乱下，以苟获为利，以偶中为能，素无五善之容，颇失三侯之礼。"射中一箭的赏赐相当于一个劳动力一年的税收，奖赏可以说是够重的了。由于朝中官员越来越多，开支也就越来越大。玄宗采纳了许景先的建议，废止了重阳射箭的惯例。

然而禁令没有维持多久，到开元二十一年（733），玄宗又下诏解禁了：

> 大射展礼，先王创仪，虽沿革或殊，而遵习无

旷。往有陈奏，遂从废寝。永鉴大典，无忘旧章，将
射侯以观德，岂爱羊而去礼。缅惟古训，罔不率由，
自我而阙，何以示后。其三九射礼，即宜依旧遵行，
以今年九月九日，赐于安福楼下。（唐杜佑《通典》
卷七十七《礼三十七·天子诸侯大射乡射》）

意思是说三月三日和九月九日的射礼是祖上传下来的，到
我李隆基手里给废除了，我可担当不起后人的指责，所以从今
以后还是遵循旧章，三月三日和九月九日依旧举行射箭活动。
可见皇帝也顶不住习俗惯制的压力。

唐代的射箭仪式，杜佑《通典》有简要的介绍：

皇帝射于射宫则张熊侯，射观于射宫则张麋侯，
皆去殿九十步。太乐令设宫悬之乐，鼓吹令设十二案
于殿之庭。若游宴射则不陈乐悬。

侯指箭靶。"熊侯""麋侯"指上面画了熊、麋图案的靶。
射者与箭靶的距离是九十步。步作为长度单位，具体尺寸历代
不尽相同。唐代的一步是五尺，一尺约30厘米，九十步就是
135米。南北朝时期的重阳射箭是野外骑射，带有明显的军事
演习色彩。唐代的射箭一般只是在宫内立射，变成一种以娱乐

为主的游戏了。

当然，也有偶尔去野外射猎的情况。唐代薛用弱《集异记·徐佐卿》中记载的一则故事说：

> 天宝十三年（754）的重阳日，唐玄宗到沙苑狩猎，射中了一只孤鹤，但这只孤鹤还是奇迹般地带着箭飞走了。
>
> 益州城（成都）的郊区有一座道观叫明月观，依山傍水，山深林静。明月观的东廊第一院，尤其幽静。有一个自称是青城山道士的人叫徐佐卿，相貌高古，每年来明月观三四趟，每次来就在观中住上三五日，或十天半月。由于他名气很大，观中的长老总把幽静的第一院留给他住。天宝十三年的重阳日，徐佐卿忽然来到明月观，神情沮丧地说："我刚才在山中行走的时候不小心被一支箭射中，伤虽然很快就好了，但这支箭不是一支普通的箭，我把它留在墙壁上，后年箭的主人会来此观，你们就把箭还给他，小心丢失了。"接着，徐佐卿挥毫在墙壁上题记云："留箭之日则十三载九月九日也。"
>
> 次年，身兼平卢、范阳、河东三镇节度使的安禄

山发动叛乱，叛军直逼首都长安，唐玄宗仓皇逃往四川。天宝十五年的一天，唐玄宗起驾行游，来到明月观。他走进这个院的正堂后，忽然看到墙上挂着一支箭，就让侍臣拿过来玩赏。他看这是一支御用的箭，非常惊奇，就询问箭的来历，道士如实做了回答。唐玄宗就去看徐佐卿的题记，这才明白徐佐卿就是前年在沙苑打猎时射中的那只孤鹤。唐玄宗非常惊奇，就收藏了那支箭，视为宝物。从此以后，蜀地的人再也没遇见过徐佐卿。

这个故事当然是虚构的，但它说明唐代帝王重阳有到野外射猎的做法。

到唐德宗时期，干脆把重阳节定成了文武百官放假的节日，而且成为定制，不必每到重阳，皇帝都降旨赏赐一番。贞元四年（788）九月二日，德宗下诏说：

> 正月晦日、三月三日、九月九日，前件三节日，宜任文武百僚择地追赏为乐。每节宰相已下及常参官共赐五百贯，翰林学士共赐一百贯，左右神威、神策、龙武等三军共赐一百贯，金吾、英武、威远及诸卫将

军共赐一百贯，各省诸道奏事官共赐一百贯[1]，委度支每节前五日，准此数支付，仍从本年九月九日起给，永为定制。（《唐会要》卷二十九）

所谓"择地追赏为乐"就是让不同部门的官员自己找地方集体去游乐，国家为这种集体游乐提供经费，职位越高，得到的经费越多。

唐代皇帝有时在重阳节前夕还下诏允许百姓屠宰禽畜。如《唐会要》卷四十一：

贞元六年正月二十八日敕：每年中和节及九月九日，自今已后，遍节放三日开屠。

又卷二十九：

贞元十五年九月诏：自今已后，二月一日、九月九日，每节前放开屠一日。

---

1 "各省"《旧唐书·德宗纪下》做"客省"，"客省"正确，"各"为误字，节日赏赐仅限于中央官员。客省是朝廷接待来京宾客的机构。

有时开禁三天，有时开禁一天。为什么屠宰禽畜还要皇帝特下诏令呢？原来唐代虽然崇尚道教，但对佛教也很看重。佛教主张不杀生灵，受其影响，唐代帝王经常下令禁止屠宰禽畜。据《唐会要》卷四十一《断屠钓》记载，武德二年（619）、如意元年（692）、圣历三年（700）都发布过"禁天下屠杀"的诏令。景龙二年（708）下的一道诏令中说：

> 鸟雀昆虫之属不得擒捕，以求赎生，犯者先决（笞打）三十。宜令金吾及县市司严加禁断。

连鸟雀昆虫都不得捕捉。这些禁令有的只是针对一些特定的日子，有的则是任何时候都禁止屠宰，违反者则予以严惩，这就等于不让人们吃肉。这种违反人情的禁令事实上是难以施行的，所以私屠滥宰的现象非常普遍。正如会昌四年（844）中书门下的奏章中所指出的："鼓刀者坐获厚利，纠察者皆受贿财，比来人情，共知此弊。"重阳节特许开屠，是因为当时全社会上上下下都很重视此节，政府也不得不顺应民情。

唐代京城百姓在重阳节还有一个很热闹的去处，就是著名的公共园林——曲江。曲江园林以曲江池为中心。曲江池位于长安城东南角城外，是一块低洼水池，南北长近5000米，东西宽500—600米。因流水屈曲如广陵之曲江，故称曲江。曲江池

〔唐〕李昭道《曲江图轴》

周围地势起伏、花木掩映、禽鸟鹜集、楼台隐现、风景旖旎。除却专供皇家游乐的芙蓉园，其余地方普通百姓均可以游玩。每逢中和（原在正月三十日，后改为二月朔日）、上巳（三月三日）、重阳这三大节，曲江池边人流如潮，热闹非凡。人们水边祓禊（上巳节在水边举行的祭礼），吃喝游乐。宋代程大昌《雍录》：

> 唐曲江正月晦日、三月三日、九月九日，京城士女咸即此祓禊，帘幕云布，车马填塞，词人乐饮歌诗。

重阳节皇帝常在这里设宴招待百官。另外，每届科举考试之后，新科进士的宴游之地也在曲江。每当进士们在曲江宴游时，长安城的民众纷纷前去看热闹，很多公卿全家出动，在观赏宴游的同时也品评新科进士，为自家挑选女婿。可惜经过安史之乱及唐末战乱，曲江园林遭到毁坏，北宋时已变成农田。

近年来西安市政府重新打造曲江新区，先后建成大雁塔北广场、大唐芙蓉园、曲江国际会展中心、曲江池遗址公园、大唐不夜城等一批标志性项目，试图重现曲江昔日的辉煌。

唐代洛阳地区的重阳节有一些特殊的习俗。五代冯贽《云仙杂记》：

洛阳人家……重九迎凉脯、羊肝饼，佩瘿木符。

"瘿木"指长结的木头，这种木头形状奇异，又很坚硬，被人们认为可以避邪。

五代时期后唐明宗李亶的生日恰好是九月九日，所以给全国公职人员放假三天（《旧五代史·唐书·明宗纪》）。

宋代沿袭了唐代重阳习射之俗，但已不像唐代那么热衷，与此相应的是典籍中有关宋代官方习射的资料不是很多。南宋王应麟《玉海》卷七十五《礼仪·射》中提到淳化元年（990）九月八日，宋太宗召近臣在后苑习射，然后前往崇政殿观看摔跤比赛。这说明重阳节庆活动从九月八日就开始了。《宋史·仁宗本纪三》中记载，庆历五年（1045）的重阳节，宋仁宗在太清楼设宴招待近臣和宗室成员，宴会结束后便到皇家苑囿习射。

宋代宫廷在重阳节这天开始给皇帝生火取暖，叫"开炉"，一直到第二年的二月初一。与此同时，皇帝和大臣都换发可以御寒的夹袄，这是古老的"九月授衣"习俗的延续。

祭神是重阳节的重要活动内容。朝廷要派人祭拜先帝陵墓，要祭祀三皇，"祠太昊于晋州，神农于衡州，黄帝于坊州"。普通百姓也要到祖先的墓上举行祭奠活动，送上纸做的寒衣。百姓们在祭神的同时也向神祈福。江西建昌有一眼泉叫吴猛泉，当地人"九月九日就此祈福，多有征验"。

辽、金两朝虽为少数民族政权，但受汉族的影响也过重阳节，节日习俗与汉族大同小异。如登高、饮菊花酒、射猎等。辽应历十三年（963）重阳日，辽穆宗率群臣"登高，以南唐所贡菊花酒赐群臣"。辽统和三年（985）重阳，圣宗在"骆驼山登高，赐群臣菊花酒"。《辽史·礼志六》记载的朝廷重阳节庆典的仪式是：大臣们清晨来到皇帝的御帐前，跟随皇帝的车驾到围场，皇帝给大臣赐茶。皇帝在御座上坐定，臣僚们在下面列队站立，司仪给各位大臣送上皇帝赐的菊花酒。大臣们下跪接受，一饮而尽，行再拜礼，共被赐三杯酒，然后拱手起身。汉族重阳节一般只是立靶射箭，契丹族则射猎老虎。射虎结束时，哪个部族猎物少，就请大家吃重阳宴。《重订契丹国志》卷二十七《岁时杂记·重九》：

> 九月九日，国主打围，斗射虎，少者输重九一筵席。射罢，于地高处卓帐，与蕃汉臣登高饮菊花酒，出兔肝生切，以鹿舌酱拌食之。北呼此节为"必里迟离"。又以茱萸研酒洒门户，曰辟恶，亦有入盐少许而饮之者。又云男摘二九粒，女一九粒，以酒咽者，大能辟恶。

〔辽〕胡瓌《回猎图》

　　所谓"男摘二九粒"是指摘茱萸籽实十八粒，用酒服下，以为这样就能避邪。女真人则拜天射柳。拜天的礼仪在《金史·礼志八》"拜天"条中记载说：金朝沿袭了辽代的旧俗，重九日行拜天之礼。具体做法是：用大木块挖制像船一样的盘子，涂上红色，画上浮云仙鹤的图案。搭起一个五六尺的架子，把盛满祭品的木盘放在架子上，全体宗族就在架子前跪拜祭天。重阳节的拜天礼在城外举行，跟重阳节外出避邪的精神是一致的。

元代至民国时期的重阳节

元代统治者采取民族歧视政策，政治上对汉族士人加以压制和排挤，汉族士人仕途暗淡，心中常有抑郁不平之气。到了重阳节，面对飕飕寒风，他们更多的是感到忧愁伤心，这一点在当时重阳节写的散曲中可以强烈地感受到。

如汤舜民《九日渡江二首》云：

秋风江上棹孤舟，烟水悠悠。伤心无句赋登楼，山容瘦，老树替人愁。

东篱载酒陶元亮，等闲间过了重阳。自感伤，何情况，黄花惆怅，空作去年香。

说老树愁，黄花惆怅，实际是作者自己内心忧愁。

高明《商调·二郎神·秋怀》：

霜降水痕收，迅池塘又暮秋。满城风雨还重九。白衣人送酒，乌纱帽恋头，思那人应似黄花瘦。合怕登楼，云山万叠，遮不得许多愁。

忧愁得连楼也不敢登。"何以解忧？唯有杜康。"无可奈何的士人们只好借酒浇愁，及时行乐，以发泄心中的郁闷。

刘时中《中吕·朝天子·邸万户席上》：

> 饯别，去也，泪滴满金蕉叶。西风锦树老了胡蝶，满眼黄花谢。今日离筵，明朝客舍，把骊驹莫放彻。醉者，饱者，免孤负重阳节。

马致远《夜行船·百岁光阴·离亭宴煞》：

> 爱秋来时那些：和露摘黄花，带霜烹紫蟹，煮酒烧红叶。想人生有限杯，浑几个重阳节？人问我，顽童记者：便北海探吾来，道东篱醉了也。

人生有限，来日无多，过不了几个重阳节了，所以遇到重阳，必定一醉方休，不管谁来探访，我也不理不睬，颇有点玩世不恭的心态。有些人则鄙夷名利，故作放达。所以元代士人的重阳节不像前代的文人那么快乐。

元代每年三月三日和九月九日也在州县通祀三皇。宋代对三皇是在不同地点分开祭祀的，元代则把三皇供在同一个殿里，叫三皇殿，还让勾芒、祝融、风后、力牧诸神配享。明代沿袭了元代的祭祀制度，也在三月三日和九月九日通祀三皇。

明代古籍中的北极佑圣真君形象

　　据说朱元璋在打天下的过程中，北极佑圣真君多次显灵佑助，所以明代对北极佑圣真君特别敬重，建有专门的北极佑圣宫，重阳节自然少不了对北极佑圣真君的祭奠。明代俞汝楫《礼部志稿》："北极佑圣宫即真武庙，开国靖难，神多效灵，故祀之。每岁元旦、圣旦（皇帝寿辰）、三月三日、九月九日、每月朔望日，俱用素馐遣太常寺堂上官行礼。……南京北极真武庙每岁三月三日、九月九日用素馐遣南京太常寺官祭。"本来逢年过节及每月初一和十五都要派人祭祀真君，后来其他日子的祭祀都停了，只在三月三日和九月九日致祭，反映了这两天对祭神来说是很重要的日子，是不能停免的。真君就是主司北方的玄武神，其形象呈龟蛇缠绕形。

民间在重阳节所祭的神灵很庞杂。九月是农作物丰收的月份，农民们既有时间也有经济条件来答谢各路神灵，同时也是对自己一年辛勤劳作的慰劳。民以食为天，食以地为根，跟农作物关系最大的是土地，所以祭祀土地神的现象比较普遍。河北《深泽县志》：

> 重阳……酿黍为酒，洁牺牲，作乐，报方社（土地神），有中古遗风焉。

河北《武强县志》：

> 农家于是日报赛。

报赛的对象也是土地神。在湖北应城，各家都在重阳日祭拜方社田祖之神。土地神虽然功劳很大，但上天也不可怠慢，风调雨顺可是归上天管辖，如果好几个月不下雨，或者降下冰雹来，叫你颗粒无收，所以有些地方在祭祀土地神的同时也祭上天。山西《平遥县志》：

> 重阳蒸花糕，祭天地。

山西《大同县志》：

> 重阳多以饩羊献天地，名曰进平安牲，仿报赛之意。

农作物丰收了，也不能忘记祖先在冥冥之中的佑护。山东长岛、文登一带在重阳上坟祭祖。浙江桐庐地区重阳之日举族合祭祖先，称为"秋祭"。

过去狐狸对家禽有威胁，同时民间传说中狐狸常化身为鬼怪害人，所以有些地方祭祀狐仙，祈求它保佑平安。河北《张北县志》：

> 初九日谓之重阳节，居民皆登高远眺，各家食糕饼，取高升之意。是日，俗称狐仙诞日，信者皆杀羊祭奠，谓之领牲，保佑四季平安。巫婆悬灯结彩，以祀狐仙。平素信仙者皆来送供钱，以酬答神灵。

河北万全地区也有重阳日祭狐仙的习俗。这种习俗可能由来已久。《搜神记》讲述的"胡博士"的故事（见下文《登高宴饮》一节）就表明了重阳节跟狐狸有关。在有些地方，狐仙进一步人格化为姓胡的大仙。吉林《桦甸县志》：

初九日，乡间多于是日祀胡、黄二仙，家畜牛马各牲，此后可以任便放野，俗谓"撒群"。

所谓"黄仙"大约就是另一种家禽的天敌——黄鼠狼的人格化。祭祀本质上是一种讨好的行为，是对被祭者的虔诚崇拜。

山东泰安有九月九日登虎山祭"眼光奶奶"（也叫"眼光娘娘"）的风俗。虎山是泰山前的一座小山，山顶比较平坦，建有"眼光奶奶"庙。"眼光奶奶"为泰山娘娘碧霞元君属神，专司人间眼病。九月九日早饭后，当地人带着供品登山，到山顶摆供祭"眼光奶奶"，求全家人目明无灾。祭毕，再到王母池、八仙桥、吕祖洞等处山溪中喝王母泉甜水，俗传泉水是王母娘娘的蟠桃汁所化，喝了可以长寿。广西怀集认为重阳为元帝得道之辰，男女老少倾城而出，赛神酬愿。广东南雄府九月初九请茅山道士建王母会，欲求子嗣的青年妇女都来参观。生活在城里的市民们则更关心城池的保护功能，所以他们还祭祀城隍神。山西《续修崞县志》：

九日祭城隍神。

天津百姓则做"北斗会"，祭祀斗姆，因为相传九月九日是斗姆的生日。《天津志略》：

初九日为重阳节，登高作'北斗会'。

斗姆是传说中北斗七星的母亲，是道教尊奉的一位女神。在一些道观里还供着她的塑像，造型极为奇特，额头上长着三只眼睛，肩膀上有四个头，八只胳膊分别拿着各种法器，令人有恐惧感。《天津县续志》：

九月九日重阳节，以玉皇阁为登高处，城内水月庵与诸道观礼北斗，攒香高丈余，焚之历昼夜。

"北斗会"一般在道观里举行，会上要搞一种叫"攒斗"的活动，就是把信士弟子施舍的香攒成塔形香山。各庙一般从九月初一收受供香，每家一封（五股为一封），多则不限。香封上书写"信士弟子某某敬香几封"，下写住址。香按敬送先后依次向上攒成塔形，高可逾丈。初八晚间将香斗从上部点燃，迎接斗姆降临，道士诵经，顶礼环拜，名曰"拜斗"。

九月九日还是染坊祭祀染布缸神的日子。缸神相传为汉末的梅福和晋代的葛洪，被人们尊为仙翁，祀于二仙宫。梅、葛二人是怎么成为缸神的，有多种传说。择一录之如下：

〔元〕王蒙《葛稚川移居图（局部）》

　　最早人们都穿白衣服，有个皇帝为了用衣服颜色分别贵贱等级，规定皇帝穿黄袍，大臣穿红袍，平民百姓穿青衣蓝衫，于是张榜招募能染出这三种颜色的人。梅仙翁种植了蓝草，葛仙翁创造了用蓝草沤靛染青的方法，于是，葛仙翁带着蓝靛，在重阳节那天到达京城，揭了染蓝布的皇榜。当皇帝看到放入染缸的白布变成了焦黄色时，便不容分说，立即以欺君之罪把葛仙翁斩了。但当人们把布捞出染缸后，布很快由黄变绿，由绿变蓝，皇帝才懊悔杀错了，便封梅、葛二位仙翁为染布缸神，每年九月初九祭祀他们，祈求"染仙"保佑，染出好的颜色。

染坊里人们喜欢贴一种木版印制的纸马，叫"染布缸神"，各地流行的造像不尽相同。山东流行的缸神纸马画面中并没有缸神的形象，只在正中写"梅、葛"二字来代替。画面左上方有一文官形象，右书"财神"二字，毕竟赚钱是最终目的，所以缸神也得有财神陪伴。画面右方上下排列三个染匠，一个在缸中染布；一个朝晒凳甩布，要将浸染好的色布摊晾开来；还有一个在晾布，手拿竹竿翻拨色布。画面左下方还画有一个踹匠形象，双手扶支架，双足踩在元宝形"踹布石"的两端，正在踹布。画面中下方印有"青龙""白虎"字样，分别是东西两方的神，主掌太阳的东升西落，跟晾晒有关，所以也得求他们保佑。

由于重阳节是祭神的日子，因此不少神的诞辰也被说成是九月九日。浙江一些地方有祭祀兴福明王的习俗。据《仁和县志·茶槽庙纪》，兴福明王是明代永乐年间的一个茶商，名叫陈旭。由于钱塘江沿岸经常受到大潮的侵害，陈旭便出资修筑堤坝，但怎么也建不起来，陈旭便奋不顾身地跃入江潮，江中的沙子随着潮水涌了上来，于是堤坝建成了，从此以后钱塘江沿岸没有了潮患。永乐皇帝敕封陈旭为茶槽土地兴福明王，浙江的百姓立庙奉祀。明代张朝纲《重建下新土谷祠记》中说兴福明王的诞辰为九月九日。山东鄄城民间认为重阳日为财神生日，家家烙焦饼祭财神。道教称老君（老子）是九月九日出生

〔清〕佚名《秋猎图（局部）》

的，尊神玄天真武大帝的生辰也是九月九日，所以道观在重阳日举行祭祀活动。

重阳时值深秋，动物肥壮，正是围猎的好时机。山东许多地方这天都有出猎迎霜兔的习惯。阳谷等地是邻里结伴，聚猎原野。陵城等地则是在九月初传贴逐兔围猎的海报，至九月九日，周围二三十里以内的人持鸟枪、木棍齐集指定地点开始逐捕。一人获得猎物，他人可以争抢，但猎获者将猎物举过头顶，则不许再争。现在陵城盐村每年赶会时仍有此俗。

在不少地方，重阳节还是礼敬老师的日子，学生给先生送糕或请先生吃饭。山西《沁州志》和《武乡县志》都有重阳"拜

礼师长"的记载。山西晋南地区各村由学董牵头，组织村民杀一只羊做饭菜，盛情招待老师。同时商讨本村下一年的教书事宜，或继续留聘，或另请高明。今天学校教师虽多为公职人员，不少农村仍然习惯在重阳这一天宴请老师。有些地方干脆在重阳节为老师放假。河北《任邱县志》："重阳隆师放学。"四川《万源县志》："各学校于此日（重阳）休假，教职员领率学生亦如是游玩远眺，谓之登高。"《吉林新志》（1934年铅印本）："九日重阳节，乡塾放假一日，登高远足，意取步步高升也。"重阳节也可以说是我国最早的教师节了。

九月九日一般都吃重阳糕，但晋东南地区及五台县等地习惯吃寿面，以应重阳祈寿的节俗。其实不管吃什么，借机改善一下生活是大家共同的心愿，所以民间有"九月九，家家有""九月九，又吃油糕又喝酒""九月九，精大软米咬一口"等谚语。

现代重阳节

各级政府和各类机构对重阳节的重视

20世纪80年代以来，中国社会对重阳节重视起来，而且重视的程度一年高过一年。

首先是各级地方政府重视重阳节的传统文化意义和社会价值，纷纷把重阳节定为本地的老人节。如北京市人民代表大会常委会于1987年6月23日通过决议，确定每年农历九月九日为北京市敬老日。从1987年起，每年的敬老日北京市政府都要举办登山、游园、老幼联谊等活动，参加者达数十万人之多。1988年2月4日，甘肃省第七届人民代表大会第一次会议做出决定，每年农历九月九日为甘肃省的老人节。届时，在全省广泛开展各种形式的敬老、爱老活动，宣传、表彰老年人在"两个文明"建设中的先进事迹以及敬老、爱老、养老的先进集体和个人。1988年7月19日，山西省第七届人民代表大会常务委员会第四次会议通过《山西省保护老年人合法权益的规定》，其中第 5 条规定为："每年'九九重阳节'为本省老年节。"1988 年 7 月 21 日，上海市第九届人民代表大会常务委员会第二次会议通过《上海市老年人保护条例》，其中第 17 条规定："每年重阳节为本市敬老日。"1989 年 6 月，天津市人民代表大会常务委员会通过决议，将重阳节定为天津市老人节。届时，各单位会组织一些适合老年人的登高活动或其他娱乐活动，慰问老人，以体现中华民族敬老爱老的优良风尚。1991 年 1 月 10 日，广东省第七届人民代表大会常务委员会第十七次会议通过《广东省维护老年人合法权益条例》，其中第 20 条为："每年农历九月初九为本省老人节。届时各地、各单位应举行多种形式的敬老活动。"2001 年 4 月 19 日，浙江省第九届人民代表大会常务委员会第二十六次会议通过《浙江省实施〈中华人民共和国老年人权益保障法〉办法》，其中第 35 条规定："每年农历九月初九（重阳节）为浙江省老人节。"

无论是否把重阳节定为老人节，每当重阳节来临之时，各级政府都要举行各种形式的敬老活动。如有些省的省委老干局、团省委等机构，组织敬老志愿者服务小分队深入社区，开展温情服务、生活服务、健康服务等活动。各地工会及有关单位常组织老年人开展爬山、旅游、垂钓之类的文娱活动。

有些活动规模很大，在社会上造成了不小声势。如 2004 年

贰

重阳的历史演变

2003 年发行的重阳主题邮票

重阳节，海南省探险协会与海南省老年人体育协会联合举办了以"亲近自然、强健体魄、焕发青春——踏遍青山人未老"为主题的老年人海南热带雨林生态考察活动，活动在海南原始森林公园尖峰岭举行，旨在让更多的老年人回归自然、陶冶情操、强身健体、焕发青春、老有所为、老有所乐。活动内容有鸣凤谷探秘、攀登尖峰岭主峰等。

国家邮政局在 2003 年 10 月 4 日发行了"重阳节"特种邮票 1 套 3 枚。第一枚为"重阳节·登高"，表现的是我国古代重阳节时，人们登山畅游时的情景。第二枚为"重阳节·赏菊"，表现的是重阳节到来时，人们在绿色的草地中席地而坐，悠然赏菊的场面。第三枚为"重阳节·饮酒对弈"，表现的是重阳节期间，人们回归大自然，在亭间饮酒下棋的情景。

商家对重阳节的推动

商家对节日风气的形成也起着举足轻重的作用。节日是消费的旺季，重阳节之时，商家举办各种形式的促销活动，把节日气氛烘托得有声有色。

针对老年人的消费被称为"白发经济"。重阳节之时，有的商场老年服装半价，有的保健品九折，有的凭老年证可以领取一定数额的代金券，等等，吸引了大批消费者前来购物。重阳节最畅销的商品要数保健品和以保暖内衣为主的秋冬令衣服。前来购物的老人大都由子女陪护，不便出门的老人也少不了子女送的节日礼物。

餐饮业也不失时机地打出重阳牌，不少酒店推出富有特色的"重阳宴"，吸引人们来此为老人过节。金秋九月，正是蟹肥之时，螃蟹是许多餐馆主推的佳肴。一些餐馆还别出心裁地将菊花做成各种美食，用重阳节的节令物品吸引顾客。

旅游业对重阳节更加重视。2004年，陕西仟佰众旅游有限公司和骊山国家森林公园联手，为西安的老人们举办了一个名为"阳光老人"的登高活动，以表达对健康老人的良好祝福。"阳光老人"登高活动的地点分别选择了骊山和秦岭的长江—黄河分水岭。骊山在关中有"南山"之称，选址在此，有取"寿比南山"之意。而长江—黄河分水岭地势虽高但坡度较缓，也是老年人喜欢的地方。这两个地方沿途风光秀丽，是金秋重阳节老年人呼吸新鲜空气、放松心情的好地方。

2005年的重阳节，北京植物园举办了"重阳游园会"，从10月20日至22日，为期三天，对60岁以上的老人实行门票优惠。游园会以"老年人自己过节"为主题，园内布置了众多的花卉供广大游客欣赏，让老年人在花丛中度过自己的节日。不少老人来到植物园扭秧歌，唱大合唱，自娱自乐，欢度自己的节日。

最具影响力的还是北京八大处公园，从1987年开始举办的重阳游山会，至今已成为北京金秋时节有影响的大型旅游文化活动。八大处公园方圆300公顷，最高峰海拔464米，植被覆盖率达97.4%，林木40余万株，古木近600株，负氧离子含量远高于闹市，是京城百姓及国内外游客乐于登临的胜地。每到重阳，各地游客扶老携幼前来登山，八大处公园人头攒动、笑语回荡、热闹非凡。

重阳节正是菊花怒放的季节，八大处栽培了各种菊花40万株。走进公园，犹如置身于菊花的海洋。巨大的翠柏树墙下，数百盆鲜菊组成了大型主体花坛。在虎峰山头的树林中，公园还精心缝制了12朵硕大鲜艳的布艺万寿菊，在绿树的映衬下甚为抢眼。

1999年的游山会还把"第六届北京青年体育节"也融入

其中，举办了"跨世纪之旅集体登山赛、家庭登山赛、山地车登山赛"三项赛事，还安排了老年合唱大赛、老年都市服装大赛、老年秧歌大赛等艺术活动，会好戏连台，令人赏心悦目。

游山会还把登山与保护生态环境结合到了一起，举行了"九九生态环境游，十万好汉登西山"签名纪念活动。签名者可在长绢上书写以保护生存环境、爱我祖国河山为主题的警句、格言、诗词、口号，最后选出 12 位幸运的"好汉"，并为他们颁发了纪念奖品。

游戏项目有高山滑索、飞天蹦极、跃地滚龙、刀山火海等，让你玩个心跳，看个眼圆。什么是跃地滚龙？一条色彩艳丽的充气滑槽从山上直抵山脚；走进一个直径 3 米的"太极球"，把你固定在座位上，然后让球顺滑槽飞滚而下。"太极球"的四周都有窗子，有胆量的人可以睁开眼观赏一下翻滚状态下外面的景色。至于其他项目，我们已经司空见惯，这里就用不着多说了。

2005 年的第十八届重阳游山会更是盛况空前，一幅长宽各 50 米的巨幅景观造型——"九九"艺术字从八大处的虎头山上铺展下去，拉开了游山会的序幕。红底黄字的图案与翠绿的山体相结合，远在数十里外都可以看到这两个大字。

"登高望远赏绿野黄花，重阳敬老显中华美德"的主题

〔清〕王延格《菊谱图册页（局部）》

充分展现了传统重阳民俗文化。景区内的映翠湖西岸举办了重
阳文化展，将重阳节的起源、民俗活动及相关传说，做了一番
形象生动的介绍，让游客对中国传统节日有了更多的了解。菊
花是重阳节不可或缺的角色，游客可以在园内的"马娘娘餐

厅""柳溪园餐厅"品尝特制的"菊花酒";不喝酒的可以到茶社里品菊花茶,以茶代酒。"重阳登高步步高。"登山活动更是重阳节俗的重头戏,有许多团体在这里举行登山比赛。八大处有四条登山路线,即沿寺庙步步登高游、跑大道强健体魄游、访"石刻"寻幽探险游、观印章林间吸氧游,游客可以根据自己的身体状况选择不同的登山线路。早在2000年,八大处公园在三处与四处之间的树林里铺设了一条鹅卵石组成的蜿蜒小路,吸引了众多登山健身一族。2003年,在北京市体育局的主持下,在百卉园北侧林间草坪上修建了封闭式"无障碍有氧健步道",这条道纯是斜坡,没有阶梯,途中设有健身要领牌示,是不错的健身方法。为倡导全民健身运动,游山会组委会组织了"绿色有氧健步登山友谊赛""登高节夕阳红"系列登山活动。

十八届游山会最大的亮点是云南马帮进京展演的普洱茶文化。这支马帮由100多匹骡马组成,驮着普洱茶行走5个多月来到京城,在八大处举办了为期三天的免费品尝普洱茶活动。他们为游客表演云南精湛的茶艺和独具特色的歌舞,游览主干道旁还布置了马帮文化展,生动形象地展现了云南马帮长途跋涉的艰辛。这为游山会增添了新的色彩。

另外,各寺庙还推出挂吉祥牌、请如意符、搓"龙洗盆"、打金钱眼、敲吉祥钟等多种多样的传统祈福活动,还有老年用品展卖、老年保健咨询、小商品一条街等场景，让你在赏心悦目之余，还可以为这次登山留下永久的纪念。

重阳节流行习俗之一——祭神

中华民族讲究慎终追远，寻根问祖，对祖先始终抱有敬畏感戴的情怀。每逢节日，人们自然不会忘记报答祖先的恩德以及向祖先进行祈祷，所以节日期间往往少不了祭祖拜神的活动。

九月九日相传是轩辕黄帝乘龙升天的日子，为了祭奠中华民族的人文初祖，每年重阳节之时陕西黄陵的黄帝陵都会举行祭祀轩辕黄帝的活动。祭祀分公祭和民祭两种，公祭规模宏大，民祭则更具传统文化色彩。

历史上，民祭通常由宜君、洛川、富县和黄陵四县合办。重阳前夕百姓家家蒸花馍、做花穗，准备祭品，贫寒人家则采撷野花代替祭品。九月九日清晨，四县百姓全家出动，扶老携幼，拎着贡物，抬着祭品，从四面八方汇集桥山脚下，民间乐队也云集黄陵县城，列队整装待发。

上午7时，击鼓鸣钟，人们尾随在庞大的乐队之后，络绎上山。通往陵区的路上，人流如潮，万头攒动。到了黄帝陵前，人们跪拜供奉，上香烧纸，洒酒祭奠，然后绕陵一周，掰花馍置于陵上。有的在轩辕庙大殿前上香叩头，进殿大拜，再在黄

黄帝轩辕氏

〔明〕仇英《帝王道统万年图册（局部）》

帝像前供献祭品。各地民众将牛、羊、猪三牲和各种精制的供品，敬献在陵前的供桌或芦席上，求福祈祥。民间祭祀活动往往持续数天，期间烛光辉映，青烟缭绕，钟鼓悠悠，不绝于耳，一派古朴虔敬的景象。

1988年，为了满足海内外各界人士祭祖的愿望，黄陵县人民政府重新恢复了中断多年的重阳民间祭祀活动。其仪式除了敬献花篮时果、恭读祭文、向轩辕黄帝塑像三鞠躬等民间传统仪式外，还增加了击鼓、鸣钟、祭后植柏树的仪式。

下面是1991年重阳节黄陵各界代表暨台湾地区同胞民祭黄帝的祭文：

> 沮水汤汤，桥山苍苍。巍巍祖陵，源远流长。
>
> 轩辕黄帝，青史垂芳。中华文化，自此方张。
>
> 甲子算数，律吕岐黄。六书制作，文字辉煌。
>
> 舟车指南，五谷蚕桑。典章文物，功盈天壤。
>
> 驭龙升天，泽被四方。星移斗转，历尽沧桑。
>
> 唯我元祖，子孙共仰。域外寰内，无分派党。
>
> 华夏苗裔，神驰意往。金菊开蕊，赤县重阳。
>
> 海峡两岸，诚聚一堂。同胞同根，一脉继昌。
>
> 捐弃前嫌，开来继往。三通慰民，"两制"兴邦。
>
> 祖国一统，人心所向。时不我待，业当共创。

弥隙携手，图盛图强。追古述今，矢志不忘。

千秋万世，心祭炎黄。谨告我祖，伏惟尚飨！

炎帝神农氏和黄帝轩辕氏同为中华始祖。炎帝发明耕作，创制耒耜，遍尝百草，是中华农耕文明的开拓者和奠基人。相传炎帝为了给人们治病，误尝"断肠草"而死，葬于长沙茶乡之尾。炎帝陵位于株洲市炎陵县城西17千米的鹿原镇境内。据史籍记载，该地西汉时已有炎帝的陵墓。

湖南省于1993年恢复由省政府主持公祭炎帝陵活动，每三年举行一次，吸引了大批海内外炎黄子孙和客商来到这里寻根拜祖、观光旅游、投资兴业。炎帝陵已成为海内外炎黄子孙寻根祭祖的圣地。

除了株洲的炎帝陵外，还有两个地方也有炎帝陵，一个在山西省高平市神农镇的庄里村，另一个在陕西省宝鸡市的常羊山上。高平的炎帝陵据说历史上每年农历四月初八要举行祭祀活动，但今天的祭祀还没有固定的日期。宝鸡的炎帝陵一般在农历七月七日（相传为炎帝的忌日）举行祭祀活动。

除了祭拜中华民族共同的祖先炎黄外，一些地方的百姓还利用重阳登山的机会，祭扫自己的祖墓。在福建莆仙地区，人们对重阳祭祖甚至比清明还要看重，当地有"三月小清明，重九大清明"之说。莆仙地区还把九月九日看作社公（土地神）

炎帝神农氏

〔明〕仇英《帝王道统万年图册（局部）》

的生日，重阳节这一天，要以宫社为单位举行庆祝活动，以报答社公对农作物丰收的保佑。福建另一些地方把奉祀同一神灵的几个村庄称为一个宫社，同一宫社的百姓相信所奉祀的神是他们的保护神。莆田梧塘镇东福村的林姓祖上留有祭田，祭田的租金由每年轮值的祭户收取，用以购买祭品。全族规定：凡男性参加上山祭墓的，每人分发熟猪肉四小两，红柿一个，丁饼一双，下山后到主祭户饱吃一餐"大擦粉"，或干饭配肉汤，并畅饮米酒。福州百姓过重阳节也有扫祭祖坟的活动，与清明的祭坟合称春秋二祭。

沿海地区重阳节还祭祀妈祖，九月初九是妈祖羽化升天的日子。妈祖是福建湄洲人，自幼聪颖灵悟，长大后识天文，懂医理，相传可以"乘席渡海"，预知休咎，又助人为乐，做了很多好事，深受人们的爱戴和崇敬。北宋雍熙四年（987）农历九月初九，年仅二十八岁的妈祖在抢救海难的时候不幸遇难，相传她羽化升天，成了天神。从此以后，妈祖多次显灵救助苦难。当人们遇到困难时只要求声"妈祖保佑"，妈祖就会闻声而至，使人们逢凶化吉，遇难呈祥。据《镇海民国县志·庙坛篇》记载：北宋宣和五年（1123），朝廷官员路允迪率领八艘船出使高丽，途中遇到大风巨浪，有七条船沉没，唯有路允迪的船受妈祖保佑而免于灾难。路允迪返朝后奏明圣上，宋徽宗下诏赐"顺济"匾额。此后历代皇帝对妈祖进行了30多次褒封，其爵位从"夫人""天妃"到"天后",还被人们尊称为"天上圣母"。

九九重阳节也是人们缅怀古代圣哲的日子。2005年重阳节,陕西省举办了公祭老子的盛大活动。

2005年据说是老子逝世2500周年的纪念日,为了纪念这位先哲,当地举办了"中国西安首届国际老子思想研讨会暨重阳节公祭老子"活动。

终南山为道教发祥地之一。相传周康王时,天文星象学家尹喜任函谷关关令,在终南山中搭建了一座草楼,每日登楼观星望气。一日忽见紫气东来,吉星西行,他知道必有圣人经过此关,于是守候关前。不久一位老者身披五彩云衣,骑青牛而至,原来是老子西游秦国,取道此关。尹喜忙把老子请进草楼,执弟子礼,请其讲经著书。老子在楼南的高岗上为尹喜讲授《道德经》五千言,然后飘然而去。传说今天的说经台就是当年老子讲经之处。道教产生后,尊老子为道祖,尹喜为文始真人,奉《道德经》为根本经典,于是草楼成了"天下道林张本之地"。重阳节有登高、寄思、怀远的习俗,加之九月九是老人节,而老子所著的《道德经》里又有些养生之道,所以把公祭老子的日子选在重阳。

公祭活动由各界代表敬香、敬献花篮、宣读祭文、宣读祈祷文等仪式组成,其间还安排了展示周至地域文化和楼观台道文化的民俗娱乐活动,具体有锣鼓仪仗表演、彩车、社火巡游、集贤古乐、军寨道情演奏、龙舞、狮舞、牛斗虎、竹马、旱船表演、焰火晚会、秦腔、歌舞、综艺节目等。同时进行的还有首届国际老子思想研讨会。会议期间，组委会安排了丰富多彩的商贸活动，有刺绣展示、周至特色石材工艺品展览、土特产、干鲜果、猕猴桃等果品展销订货会、苗木花卉、地方药材、楼观台风景区旅游纪念品展销、地方风味小吃一条街等。组委会还组织了太极拳交流、道教武术表演、道教养生保健交流、书画名家登楼现场绘画书写等活动。

重阳节流行习俗之二——千叟宴

千叟宴原是清王朝为弘扬敬老古风而举办的盛大宴会，始于康熙五十二年（1713），这年三月康熙皇帝分壬寅（二十五日）、甲辰（二十七日）两天在畅春园正门前赐宴。清马齐、朱轼等纂修《圣祖仁皇帝实录》：

> 壬寅，宴直隶、各省汉大臣官员、士庶人等，年九十以上者三十三人，八十以上者五百三十八人，七十以上者一千八百二十三人，六十五以上者一千八百四十六人，于畅春园正门前。传谕众老人曰："今日之宴，朕遣子孙宗室执爵授饮，分颁食品，

尔等与宴时勿得起立，以示朕优待老人至意。"……
甲辰，宴八旗满洲、蒙古、汉军、大臣官员、护军
兵丁、闲散人等，年九十以上者七人，八十以上者
一百九十二人，七十以上者一千三百九十四人，
六十五以上者一千十二人，于畅春园正门前，诸皇子
出视颁赐食品，宗室子执爵授饮。

合计两天赐宴人数，多达6845人，年龄最小者65岁，
规模之大，不仅前无古人，恐怕也是后无来者。这次优待老
人的盛宴清代官方并没有取一个特定的名称，实为后来千叟
宴之嚆矢。

康熙六十一年（1722）正月初二、初五两天，皇帝又在
乾清宫前分别赐宴65岁以上的旗民、汉民共计1020人。康熙
皇帝亲自命名这次宴会为"千叟宴"。《圣祖仁皇帝实录》卷
二百九十六："御制七言律诗一首，命与宴满汉大臣官员各作
诗纪其盛，名曰《千叟宴诗》。"从此"千叟宴"成为清王朝
敬老优老的文化招牌。

后来乾隆五十年（1785）及嘉庆元年（1796），皇帝也都
在皇宫举办过以"千叟宴"为名的宴会，每次邀请60岁以上的
老人3000名，其中有皇亲国戚，有退休老臣，也有从民间奉诏
进京的寿星。相传在乾隆五十年的千叟宴上，推为上座的是一

乾隆五十年 乾清宫千叟宴

〔日〕冈田玉山等编绘 《唐土名胜图会》书影

位 141 岁的人瑞，乾隆以此为题，出了一个上联："花甲重开，外加三七岁月。"纪晓岚稍加思索就对出了下联："古稀双庆，内多一个春秋。"世人叹为绝对。其实从意义上来看，上下联都是 141 岁的意思，犯了"合掌"之忌，算不上尽善尽美。

日本冈田玉山等编绘的《唐土名胜图会》中描绘了他们看到的乾隆五十年在乾清宫举行千叟宴的场景。

重九设宴是重阳节的一个传统，东汉以来一直很流行。现代重阳节继承了这一传统，并吸取清王朝"千叟宴"的敬老精神，使重阳之宴大放异彩。今天的千叟宴有的是一些机构为庆祝老人节免费请老人们参加，有的则需要老人自己买单。

浙江省温岭市新河镇长屿村从 1989 年成立老人协会以来，每年重阳节都为村里 60 岁以上的老人设宴，让老人们感受到村集体的温暖，同时也促进了全村尊老敬老风尚的形成。2002 年 10 月 14 日的重阳节，也是浙江省的第 15 个老人节，这天傍晚，长屿村摆了 26 桌宴席为全村老人祝寿。

2005 年重阳节，福州开元寺举办了首届"尊老敬老免费千叟宴"，有 1000 多位老人赴宴。该"千叟宴"全为素菜，共摆了 100 桌，每桌上 15 道炒菜、4 道汤菜、8 道干果。虾仁炒西芹、香肠炒青椒、卤鸡腿……这些听起来有荤腥的菜肴全是用面粉等材料加工而成的，形态逼真，清香味美。1200 多位老人济济一堂，免费品尝了寺院所有素菜品种。老人们个个笑逐颜开，纷纷表示活了一大把年纪，这么多人一块吃饭，而且还都是老人，这还是头一遭。这场宴会寺院准备了几个月，有100多名义工前来帮忙。洗菜用的箩，做菜用的锅，炒菜用的铲，全是特大号的。席间还伴有老年乐队的吹拉弹唱。

四川眉山自2016年开始，每年重阳节都举办彭祖万寿宴。2019年10月7日的重阳节前夕，第四届彭祖万寿宴在眉山市青神县中国竹艺城竹编博物馆前举行，3650位60岁以上的老人欢聚一起享受彭祖万寿宴，欣赏迎重阳文艺表演。3650位老人分坐365张餐桌，象征着一年365天老人们每天都开心快乐幸福。因连续举办，规模宏大，彭祖万寿宴已成为眉山市的一张文化名片。

千叟宴人数众多，场面宏大，操办不易。有些餐馆看到其中蕴藏的商机，但又没有条件搞千叟宴，便退而求其次，搞起了所谓"百叟宴"。位于北京美术馆后街大取灯胡同内的"砚逸善斋"就是这样一家每年都办重阳百叟宴的餐馆。"砚逸善斋"原是康熙第二十四子诚亲王允秘府邸的一部分，西太后垂帘听政的时候，恭亲王奕䜣佐理政务，西太后封其长女为荣寿固伦公主，并将此府邸赐予荣寿公主为完婚之所，世人称为格格府。如今的格格府已另取"砚逸善斋"之名，是一家以炖锅闻名的餐馆，推出的炖锅有几十种，像鞭尾炖锅、虫草全鸭炖锅、当归乌骨鸡炖锅、三合一炖锅等，主要以原汁原味、汤鲜肉美、食疗保健为特点。从 2003 年以来，每年的重阳节格格府都要举行以弘扬"尊老、敬老、爱老、助老"为主旨的百叟宴活动，有时邀请各行各业有显著成就的贤达老人出席宴会，有时在重阳节前发布广告，让老人们自愿报名。格格府的百叟宴继承了清朝的千叟宴文化，可以说是千叟宴的浓缩版。

台港澳地区的重阳节

台湾地区早在 1974 年就在重阳节举办各种形式的敬老活动，例如赠送礼物给当地的人瑞，宴请老人，举办重阳敬老晚会等，还向老人发放"重阳节敬老金"。

民间过重阳节的习俗跟大陆大同小异，诸如登高、食糕、饮酒、插菊等应有尽有。

登高是重阳节必不可少的活动。清代高拱乾编《台湾府志》：

> 重九，士大夫载酒为登高之会。……台地菊花早开，至此鬻得一二本，价可数倍。

台湾地区的读书人喜欢在重阳节举办诗会，登高饮酒，吟诗作乐。台北的观音山、新竹的飞风山和十八尖山以及中部的八卦山，都是著名的登高地点。

最有影响的还是从 2003 年兴起的全岛登山日，每年都在重阳节前的一个周六举行，每个县市推荐一条主登线路，届时全岛的人们常常全家出动，浩浩荡荡，向本县市推荐的线路进发，场面十分壮观。台湾地区 73% 的地形是山地，搞登山活动可以因势就便。

2003 年重阳节，台中一家医院举办了名为"重阳登高、步步高升"的公益活动。一大早，参赛者就在医院大厅进行赛前的热身，希望能以最快的速度从 1 楼爬到 26 楼。参加的民众共有 386 位，年龄最小的只有 5 岁，最大的是 91 岁高龄的崔佳山老人。参赛者的家属则事先搭电梯到不同楼层当啦啦队。有位参赛者的太太先搭电梯到下一站等候，待丈夫抵达时就献上一吻，她说这是"爱的补给站"，羡煞旁人。91 岁的崔佳山和他 71 岁的太太冯清桃，以及 81 岁的张陈早，坚持完成了整个赛程，他们的精神令人钦佩，主办单位给他们三人特颁"老当益壮奖"予以鼓励。

在台湾地区，重阳节也是祭拜祖先的日子。这一天的中午，三代以内的祖先生辰、忌辰都要祭拜，拜完才能吃饭。台湾的客家人也在重阳节祭祖，其中以苗栗县头份镇东庄里诸家族的祭祖活动最为盛大。传说东庄里的钟、饶两大姓氏原本在祖籍唐山就是邻居。乾隆年间一起到头份东庄里开垦定居，也把重阳祭祖的习俗带到这里。其后叶姓家族也加入重阳祭祖的活动。

村里的其他氏族觉得不该年年让这三姓的人家请客，也渐渐加入了重阳祭祖的行列。东庄里重阳祭祖采取"厅祭"的形式。祭祀典礼由族长主持，参加祭祀的人家约在凌晨4点就聚集在该族姓的公厅，人们认为来得越早越能得到祖先的庇佑。

农历九月，天高气爽，秋风乍起，很适合放风筝。重阳节放风筝是台湾地区颇为流行的习俗。据文献记载，居住在今天宜兰县的土著平埔族（葛玛兰人）早就有这样的活动。清代郑大枢在《台湾风物吟》中描述台湾地区当时的重阳风俗云：

> 囊萸载酒啖槟榔，处处登高展齿忙。
> 黄菊正开秋未老，满天纸鹞竞飞扬。

又清代胡建伟的《澎湖纪略》云：

> 重阳节，各澳塾馆备酒殽请社师燕饮，谓之登高会。又放风筝，扎为人物、鸾凤以及河图八卦之类，色色都有，俱挂响弦，乘风直上，声振天衢。夜则系灯于其上，恍如明星熠耀。彼此相赛，以高下为胜负。此虽游戏之事，然亦足见太平之乐也。

从这些记述中可以看出台湾地区当时放风筝的盛行，故有

"九月九，风筝满天哮"的俗语。

风筝的玩法很多，各有专名。如"流星赶月"，先放飞一只大型风筝，等风筝平稳后再把用竹篾和色纸糊成的彩蝶穿在风筝线上，借风使彩蝶撞上风筝，撞上的同时彩蝶展翅，夹在彩蝶翅膀中的色纸凌空散落，如天女散花一般。"放鹞灯"是在大型风筝上挂上五彩灯笼，夜晚升空，五彩灯笼在夜空中熠熠闪耀，如群星灿烂。还有喜欢放"鹞鞭"的，就是把鞭炮串在风筝线上，等风筝升空后点燃爆竹，爆竹在高空炸响。

最热闹的是相互之间斗风筝，就是设法用自己风筝的线将别人的风筝线绞断，让对方的风筝坠落。一般来说，大型风筝线粗力大，"打架"时较占上风。但小风筝也不会甘心受辱，好斗者往往在小风筝上加装小锯片或尖利的铅片等，用来切断对方的丝线。或是放长丝线去拉取大风筝的尾巴，然后用力一扯将大风筝拉下来。不幸落败坠地的风筝往往成为众人抢夺的目标。俗话说"风吹断落土，抢到烂糊糊"，指的就是这种激烈抢夺的场面。战败的一方则以"风吹断了线，家伙（财产）去一半"来形容自己损失的惨重，大约他们把风筝跟家财联系在一起，抢到风筝就是抢到了钱财。但风筝何以象征钱财？我们了解到斗风筝还有一种有赏金的斗法：比斗者的风筝上贴上钞票，风筝线上黏上玻璃粉末，若将对方的风筝线割断，就可赢得风筝上的钞票。有些风筝比赛是村庄之间的集体比拼，输

郑午昌《风筝图（局部）》

的一方要请赢的一方看野台戏，这事关每个村庄的荣誉，因此每个村庄都为此全力以赴。

当地民间在重阳节都有"食补"的习俗。这时天气已较凉爽，冬天也快要到来，冬前进补可以增强体质，不畏风寒。重阳"食补"一般利用十全药物保健的功效，又有肉食的调养，符合养生之道，所以在民间颇为流行。

除了上述传统节俗外，宝岛各地还举办了一些别出心裁的敬老活动。如2005年，嘉义县竹崎乡为庆祝重阳节，为全乡387对结婚满50周年以上的老夫妻举行金婚、钻石婚、白金婚庆祝活动，活动中还穿插"你浓我浓情更浓"亲吻比赛，让携手走过半世纪的阿公、阿嬷们公开亲吻，由于竹崎民风保守，令阿公、阿嬷们都羞得手足无措，观看者笑声一片。参加活动的老夫老妻结婚最久的已有71年，他们有的行动不便，但互相细心照顾，让人感受到老夫老妻间的恩爱与关切之情。

据媒体报道，2005年的重阳节，为了感谢老人们过去对社会的贡献，弘扬中华民族敬老尊长的传统美德，四重溪南台湾温泉大饭店举办了"登高望远敬长青"活动，邀请阿公阿嬷免费泡温泉。从10月3日至11日九天，凡年满60岁（含）以上的居民，可免费享受原汤之乐。

重阳节在香港地区是放公假的日子，人们有时间从事各种节日活动。祭祖当然是不可缺少的内容。从前祭祖大都在祠堂举行，仪式结束后由村中德高望重的人把猪肉分给老年男人和男婴，这叫"太公分猪肉"，是一种古老的习俗，至今仍盛行于新界一些古老的乡村。现在多数香港人都到山上去扫墓。扫墓人大多以一个或数个家庭为单位，带上祭品和香烛来拜祭先人。新界乡民的重九祭祖特别隆重，通常要扫三次墓。第一次是私人扫墓，即小家庭式祭祖。第二次是家族扫墓，由数家至十余家同出一根的家族参加。第三次是大众扫墓，即全村同姓无论已迁出或分居各地，都会聚一起共同祭祖。族人一般都带备烧猪、三牲酒礼及碗筷、杯盘、镰刀等用具。抵达祖坟后，有些人找石块堆砌炉灶，烹煮传统盘菜，有些人清理坟旁杂草，扫除垃圾。

很多香港人的祖坟或祠堂都在内地，所以重阳节的时候就有大批香港人到内地祭扫祖先。据香港特区政府入境事务处统计，2002 年的重阳节香港居民有 176 万人次经陆路往返内地，10 月 11 日至 15 日，人流摩肩接踵。

香港特区政府则在重阳节举行纪念先烈仪式。仪式在位于维多利亚海旁的香港大会堂纪念花园举行，悼念在世界反法西斯战争中为保卫香港而捐躯的先烈们。香港大会堂纪念花园是专为纪念 1941 年至 1945 年保卫香港捐躯的军民而兴建的，目的是让人们世代牢记英烈的事迹和贡献，同时也让活着的人们

〔清〕佚名《妈祖奇迹图》

体会到生命与和平的宝贵。

香港人在重阳节也喜欢放风筝。2001 年的重阳节，4000 多名香港市民参加了在香港体育学院举行的"风筝同乐日"活动，他们除了观赏来自世界各地的风筝高手进行的风筝放飞表演外，还放飞自己带的风筝，自娱自乐。

在澳门地区，重阳节也放公假一天。澳门人重阳节最重要的活动要数祭奠妈祖。从 2003 年开始，每到重阳节，澳门中华妈祖基金会都要举办"澳门妈祖文化旅游节"。在 2004 年的第二届澳门妈祖文化旅游节上，主办者组织了妈祖金身巡游活动。10 月 23 日上午，来自福建湄洲祖庙的妈祖金身现身澳门佑汉公园，作为分灵的澳门天后宫妈祖和台湾大甲镇澜宫妈祖也随同在场。佑汉公园里人山人海，水泄不通，上万信众和游客顶着烈日，自觉排队给妈祖金身上香行礼。广场上礼花缤纷，礼炮震耳，信众伏地膜拜，场面热烈壮观。下午6时许，妈祖金身从佑汉公园起驾巡游，途经假菩提树、旧屠场、火水巷等地，最后到达妈祖阁。一路上信众聚集街道两旁，争睹妈祖金身的风采。

澳门现有妈祖庙近20座，其中始建于明朝的妈祖阁最享盛名，距今已有500多年的历史。澳门在葡萄牙语中被称为Macau，关于此名的由来，流行的解释是：400多年前葡萄牙人第一次来到澳门，在妈祖阁前的海岸登陆，便问当地居民这地方叫什么，居民误以为是在问庙宇，回答说"妈阁"，葡人便音译为Macau。英语根据葡文拼写为Macao。这种地名因误会而得名的说法在很多语言中都有，大都是不可靠的，但Macau得名于"妈阁"的传说也说明了妈祖阁在澳门人心目中的重要地位。2005年7月，包括妈祖阁在内的"澳门历史城区"在第29届世界遗产大会上获准列入世界遗产名录，妈祖阁的价值也得到了世界的承认。

不过要说澳门最大的妈祖庙，还得数坐落在路环岛叠石塘山上的天后宫。天后宫建成于2003年重阳节前夕，占地近7000平方米，按照闽南古建筑风格设计建造，并参照福建、台湾地区等地妈祖庙的传统规制布局。主体建筑分山门、钟楼、鼓楼和大殿四部分。通过宫前长达60余米的阶梯，就走进了厚实华丽的牌坊式山门。方形的主体建筑中央是汉白玉围起的祭坛。一条回廊把大殿、梳妆楼、钟楼和鼓楼等建筑连为一体。坐西朝东的天后宫大殿气势恢宏，高达3米的妈祖塑像凤冠霞帔，慈眉善目，仪态端庄。

诞生于福建湄洲的妈祖文化现已遍布全球，成为世界海洋文化的重要组成部分。今天虽然科技的进步使航海安全大为提高，但妈祖作为滨海居民的精神寄托、作为维系民族情感的纽带，仍然发挥着巨大的影响力，成为人们心目中善良、博爱、和平、安宁和吉祥的象征。

重阳节应定为敬老节

现代重阳节有两个显著特点：一是民间对该节日的热情一年高过一年；二是各级政府积极将该节日朝敬老的方向引导。重阳节在古代本来就有祈求健康长寿的用意，健康长寿是老人最为关切的问题，因此重阳节的旨趣逐渐向老人集中。到了现代，重阳节基本上成了围绕老年人而过的节日，所以人们也把重阳节称为老人节。但很多人并不清楚重阳节在我国是不是法定的全国性节日。

〔清〕黄慎《五老图》

事实上，在 2013 年以前并没有法定的全国性老人节。2012年 12 月 28 日，十一届全国人民代表大会常务委员会第三十次会议修订通过了《中华人民共和国老年人权益保障法》，其中第一章第 12 条规定："每年农历九月初九为老年节。"该法律从 2013 年 7 月 1 日起施行，也就是说，从这一天起才有了一个国家层面的老人节。

传统节日是民族文化的重要组成部分，是民族特征、民族精神最为集中的展现。环视世界上那些有民族自信心的国家和民族，无不重视自己的传统节日。到 2007 年，将清明节、端午节、中秋节增列为全民放假节日，加大了传统节日在法定放假节日中的比重，体现了政府对传统文化应有的尊重，这无疑是利国利民的好事。

叁

重阳的节令风物

登高宴饮

登高宴饮是重阳节最具代表性的习俗。北宋高承《事物纪原》卷八中说"九日登高始于桓景",明代周祈《名义考》卷二《节令所起》中也认为"九日登高始于费长房教桓景避灾",都认为重阳登高是大家信从桓景避灾故事的结果,有这种看法的人自古至今占大多数。其实桓景登高避灾的故事只是给重阳登高起了一个推波助澜的作用,这个故事本身就是基于先已存在的重阳登高的习俗而编造的。

在有些传说中,重阳登高的出现时代比费长房要早得多。福州市区的于山上有个叫"九日台"的地方,相传是闽越王无诸九月九日登高的地方。北宋王存等撰《元丰九域志》卷九《福建路》中说:

> 北仙山,越王无诸九月九日尝宴于此。

南宋梁克家《三山志》中也有类似的记载。北仙山就是今天福州的于山。闽越王无诸是战国末至汉初时期的人,比费长房早约 400 年，这是不是意味着那个时代就已经有重九登高的习俗了呢？当然不能这么看。这毕竟是后人的传说，得不到当时文献资料的支持。不过，闽越王无诸九日登高的传说及费长房九日让人登高的故事表明，在重阳节形成的时代就伴随有登高这一习俗了。崔寔的《四民月令》中说"九月九日可采菊花"，这里的"采菊"可不是指采摘自家园圃里种的菊花，而是指到山中采摘野菊，这就意味着采菊伴随着登高。三国魏钟会《菊花赋》云：

> 季秋初九，日数将并。置酒华堂，高会娱情。

三国时期的曹丕在《与钟繇书》中也提到重阳节之时人们"享宴高会"的活动，说明重阳节一出现，登高宴饮就已蔚成风气。我们甚至可以这么说：重阳节的正式形成就是以群众性的登高风气的出现为标志的。

需要说明的是，我们这里讨论的是重阳登高，而不是其他时间、其他动机的登高活动。其他动机的登高活动自有人类起就存在，比如为狩猎而上山，为打柴而上山，为祭祀山神而上山，等等，这些登高跟重阳登高是没有什么关系的。所以把"齐景公始为登高"之类的传说作为重阳登高的起源是牵强附会的说法。另外，登高的对象虽然不限于山，亭台楼阁也是登高的对象，但这类风雅的登高是在登山的基础上形成的，是登高的衍生现象。

重阳登高的原因根据古来传承的俗信，是为了避灾，但避灾为什么要选择登高呢？有些人认为重阳登高的背景是秋季容易发生洪水，登高可以避免水患。然而古代有关重阳风俗的解释中，都只是说"祓除不祥""辟除恶气""令人长寿"之类，没有人提到水灾的事，重阳风俗中也找不到跟防备水灾有关的事项。

避阳九之所以选择登高，是因为在古代民俗观念中，高山与天最近，可以得到天神的保佑，山上还可以得到令人长寿的药材泉水，甚至由此可以升天成仙，长生不死。如《山海经·海外南经》"其为人黑色，寿不死"句下晋代郭璞注云：

　　有员丘山，上有不死树，食之乃寿。亦有赤泉，饮之不老。

《大荒西经》中说有座山叫灵山，巫师"从此升降，百药爱在"。《海内经》：

　　流沙之东，黑水之间，有山名不死之山。华山青水之东有山名曰肇山，有人名曰柏高，柏高上下于此，至于天。

〔晋〕郭璞注《山海经》书影
清康熙时期项氏群玉书堂刻本

《淮南子·地形篇》中说得更为明确而有条理：

昆仑之丘，或上倍之，是谓凉风之山，登之而不死。或上倍之，是谓悬圃，登之乃灵，能使风雨。或上倍之，乃维上天，登之乃神，是谓太帝之居。

登上凉风山就可以长生不死，登上悬圃山就可以获得呼风

叁 重阳的节令风物

097

唤雨的灵气，登上维上天山就成为神了。山是古代苦难百姓的精神乐园，陶渊明想象中的理想国"桃花源"正是建立在深山老林之中，道教修炼也选择深山。山上既然有如此大的诱惑力，躲到山上自然就可以消除疾病，邪恶不侵，免除灾害了。

两晋南北朝时期，登高宴饮的风气十分流行。《搜神记》卷十八中搜集了这样一个神怪故事：

江苏有一位白发苍苍的读书人，靠教书为生，教过不少学生，十里八乡的读书人大都认识他，称他为"胡博士"（这里的"博士"是对老师的尊称）。然而有一天胡博士忽然人间蒸发了，人们再也没见过他。"九月初九日，士人相与登山游观"，人们听到有人讲课的声音。几个读书人按照声音传来的方向寻找过去，发现在一座空坟中坐着一群狐狸。这些狐狸一看见人都迅速跑开了，只有一只老狐狸没有跑开，因为他认识这些士人，人们这才知道胡博士原来是狐狸变的。

《荆楚岁时记》中说：

九月九日四民并藉野饮宴。

"藉野饮宴"是说在山野里铺草为席，然后坐在上面吃喝。这种群众性的吃喝常常是整个家族集体出游，聚集在一座山上，看上去规模颇为壮观。临海郡（今浙江临海）的北面有一座山叫湖山，山顶比较平整，能容得下数百人坐。南朝宋代的孙诜《临海记》记载：

> 民俗极重九日，每菊酒之晨（辰），燕会于此山者常至三四百人。登之见邑屋悉委，江海分明。

正因老百姓都很看重重阳登高，所以当时各地大都有重阳登高的胜地。南朝梁的鲍至在《南雍州记》中提到湖北襄阳城南有一座山叫望楚山，又叫马鞍山、策山，是襄阳一带最高的山，时人号为凤岭。重阳之日，人们纷纷来此登高。高处有三个石凳，是专为登山休憩而设的。西晋的著名人士刘弘、山简等人曾在此"九日宴赏"。江西新建有一座土丘叫龙沙，"堆阜逶迤，洁白高峻，而似龙形，连亘五六里，旧俗九月九日登高之处"。六朝以来直至清代，龙沙一直是重阳登高的胜地，正如《新建县志》中所说的，"九日，士夫多于龙沙开宴，设五色糕，泛菊"。唐代诗人孟浩然有《龙沙九日》诗，权德舆也留下了《奉陪李大夫九日龙沙宴会》的诗篇。江西临川的士大夫重阳日多会集在"书圣"王羲之的故宅，因为王羲之的故宅处高畅之地，既可瞻仰名人遗迹，又可眺望当地山川。

登高一般跟宴饮是联系在一起的，因为既是登高游玩，自然要带上美味佳肴。即便是那些不去登高的人，也是要在官署或家中宴饮的，过节总是少不了吃喝，没有吃喝玩乐几乎不成其为节日。南朝梁大臣萧子显说他到天监十六年（500）才有资格应邀参加"九日朝宴"，说明"九日朝宴"是朝廷的惯例，宴饮就在朝中举行。事实上这种惯例早在汉末就已形成。当时大臣士孙瑞在给皇帝的奏章中就提到，汉献帝兴平二年（195），"朝廷以九月九日赐公卿近臣饮宴"。家里宴饮的事例也不少。宋代叶梦得的《石林诗话》记载了这样一件事：

北宋著名文学家苏轼的父亲苏洵刚到首都汴京（河南开封）的时候，其文采得到欧阳修的赏识，由此名声大振。有一年重阳节，曾任宰相的韩亿在家里设宴，邀请欧阳修等朝廷大员共度佳节。苏洵只是一介布衣，也应邀出席，这对苏洵是特殊的礼遇。苏洵当然不是等闲之辈，他在席间赋诗时，吟出了"佳节屡从愁里过，壮心时傍醉中来"的佳句，得到大家的赞赏。

达官贵族的重阳宴饮一般还有丝竹歌舞表演。南朝梁刘苞的《九日侍宴乐游苑正阳堂》诗中写道：

六郡良家子，幽并游侠儿。

立乘争饮羽，倒骑竞纷驰。

鸣珂饰华珥，金鞍映玉羁。

膳羞殚海陆，和齐眠秋宜。

云飞雅琴奏，风起洞箫吹。

曲终高宴罢，景落树阴移。

这是梁武帝重阳日在宫中设宴招待百官的情景，除了歌舞演奏外，还有射箭、骑马等杂技表演。待到曲终宴罢时，太阳已经下山了。

晋代给后世留下的最著名的重阳佳话当数孟嘉落帽。孟嘉是江夏鄳鄘（méng，今河南信阳东北）人，以清操闻名于世，曾在征西大将军桓温幕下任参军之职，深得桓温器重。

有一年重阳节，桓温带领文武官员游览龙山，并在山上大摆宴席，与僚属同欢。当时山上吹来一阵大风，把孟嘉的帽子给吹掉了，孟嘉却浑然不觉。桓温给左右的人使眼色，让他们不要告诉孟嘉。后来孟嘉去上厕所，桓温让人把帽子拣起放到孟嘉的座位上，并让一个叫孙盛的人写了一篇文章嘲笑孟嘉帽落不知，有失体面。

为什么风把帽子吹掉了就值得嘲笑呢？因为按照古代礼仪，在公众场合是不能随便脱掉帽子的，脱帽意味着屈服于人或自认有罪。如《后汉书·耿弇列传附耿秉传》："安得惶恐，走出门，脱帽抱马足降。"这是说车师（汉代西域国名）王安得脱下帽子，抱住耿秉的马腿投降了。孔子的弟子子路在卫国大夫孔悝家当家臣的时候，流亡在外的蒯聩回来向他的儿子卫出公争夺王位。战斗中蒯聩手下的人打断了子路的帽带子，在这种生死攸关的情况下，子路竟然放下武器去系帽带子，他说："君子死而冠不免。"结果被敌人杀死。从这个事例我们知道古人对脱帽看得多么重要，难怪当时桓温等人等着看孟嘉怎么收场。

孟嘉回来后看到嘲笑他的文章，当即提笔回敬了一篇文章，"文辞超卓，四座叹之"，沉着儒雅地收拾了这一尴尬的局面。此事在陶渊明的《晋故征西大将军长史孟府君传》及《晋书·孟嘉传》中都有记载，它体现了孟嘉温文尔雅的风度和机智敏捷的才思，当时乃至后世一直传为美谈，成为重阳登高常用的典故。人们用龙山落帽、孟嘉落帽、孟嘉帽、参军帽、落帽参军、风落帽等词语赞扬人的恢宏气度、风流倜傥、潇洒儒雅，或借指具有这种气度的人。如李白《九日》诗：

落帽醉山月，空歌怀友生。

辛弃疾《玉楼春》词：

思量落帽人风度，休说当年功纪柱。

辛弃疾《念奴娇·重九席上》词：

龙山何处？记当年高会，重阳佳节，谁与老兵共一笑？落帽参军华发。

人们甚至把重阳节称为"落帽之辰"。明陶宗仪《说郛》：

重阳谓之落帽之辰。

落帽风雅影响之大，实在超乎我们的想象。

孙盛的嘲讽文章及孟嘉的回敬文章都没有流传下来，文人墨客以为憾事。北宋绍圣三年（1096）的重阳节，苏轼与友人聚会，谈起孟嘉落帽的韵事，有人惋惜看不到孙盛和孟嘉的趣文，苏轼便仿照孙、孟两人的口吻给他们各自补写了一篇。苏轼的补文题《补龙山文》，第一段是小序，交代了补写的缘由；第二段是替孙盛写的嘲文；第三段是替孟嘉写的解嘲文。现将原文引录如下：

丙子重九，客有言桓温龙山之盛会，风吹孟嘉帽落，温遣孙盛嘲之。嘉作《解嘲》，文辞超卓，四坐叹伏，恨今世不见此文。予乃戏为补之曰：

征西天府，重九令节。驾言龙山，燕凯群哲。壶歌雅奏，缓带轻帢。胡为中觞，一笑粲发。楩楠竞秀，榆柳独脱。骥骒交骛，驽骞先蹶。楚狂醉乱，陨帽莫觉。戎服囚首，枯颅苫发。维明将军，度量闳达。容此下士，颠倒冠袜。宰夫扬觯，咒觥举罚。请歌《相鼠》，以侑此爵。（右嘲）

吾闻君子，蹈常履素。晦明风雨，不改其度。平生丘壑，散发箕踞。坠车天全，颠沛何惧。腰适忘带，足适忘履。不知有我，帽复奚数？流水莫系，浮云暂寓。飘然随风，非去非取。我冠明月，被服宝璐。不

缨而结，不簪而附。歌诗宁择，请歌《相鼠》。罚此陋人，俾出童羖。（右解嘲）

"戎服囚首，枯颅茁发"是说穿着军服，却像囚犯一样没有帽子，头颅干枯，头发卷曲。《相鼠》是《诗经》中的一首诗，其中有这样的诗句："相鼠有皮，人而无仪！人而无仪，不死何为？"借此嘲讽孟嘉有失礼仪。"俾出童羖"是《诗经·小雅·宾之初筵》中的一句诗，羖是山羊，山羊都是有角的。"童羖"是没有角的山羊，比喻无中生有。意思是说孙盛无事生非。

由于落帽风雅的影响，龙山也声名远播，成为后人登临凭吊的胜地。但龙山具体在什么地方，古来有两种说法。一说在湖北荆州，即位于荆州城西北 7.5 千米处的八岭山，也叫龙山，山上有落帽台。持此看法的如唐代李群玉《重阳日上渚宫杨尚书》诗：

落帽台边菊半黄，行人惆怅对重阳。

荆州一见桓宣武，为趁悲秋入帝乡。

宋代祝穆的《方舆胜览》：

> 龙山在江陵县西，有落帽台。

宋代王存等《元丰九域志》中也有"落帽台，孟嘉龙山落帽即此地也"的说法。宋代范成大《吴船录》：

> 沙头一名沙市……询龙山落帽台，云在城北三十
> 里，一小丘耳。

另一种观点认为龙山在安徽当涂。唐代李吉甫的地理名著《元和郡县志》记载：

> 龙山在（当涂）县东南十二里，桓温尝与僚佐九
> 月九日登此山宴集。

宋代乐史的《太平寰宇记》：

> 龙山在县南一十二里，桓温常以九月九日与僚佐
> 登此。

好事者还在当涂龙山的山岩上刻凿了帽落时留下的痕迹，给人以证据确凿的印象。明代马仲良到当涂龙山游览，看到"山有帽痕入石"，取笑说："以前我到苏州游览灵岩山，看到西施洞前有西施留下的深约一寸的足迹，看来一位美女轻柔的脚步和一顶布帽能赶得上李广射虎的利箭了。"同游的人为之大笑。李广是西汉武帝时期的名将，善于骑马射箭。他在任右北平郡太守的时候，有一天出去打猎，看见草丛中有一只斑斓猛虎，便用浑身力气拉弓放箭，虎卧在原地一动不动，以为一箭毙命了。走近一看，原来所射并非老虎，而是一块虎形巨石。再仔细一看，箭镞射入石内，随从众人惊叹不已。李广又回到原处上马重射，可是连射数箭，怎么也射不进石头了。李广只是在情急之下射箭入石的，帽子无论如何是不可能在岩石上留下深深的印迹的，这种做法确实令人大噱，不过也体现了孟嘉落帽故事的巨大影响力。

　　之所以出现两种说法，是因为最早记载龙山宴饮的陶渊明的《晋故征西大将军长史孟府君传》及《晋书·孟嘉传》，都没有提及龙山宴饮的具体时间地点，桓温曾任荆州刺史，也曾以大司马的身份坐镇姑孰（今安徽当涂），而荆州和当涂恰好都有叫龙山的山，以致自古以来人们真假难辨。在旅游经济日益红火的今天，荆州和当涂都把孟嘉落帽的故事当作本地旅游资源来宣传利用。

那么，究竟哪座山是孟嘉落帽的真龙山呢？前人就此做过考证。明清时期的学者认为当涂龙山是真正的落帽地。明代李贤等《明一统志》：

> 龙山在府城南一十里，旧经载孟嘉落帽事。按龙山当在江陵，而郡志云桓温尝以重九日与僚佐登此，疑必温移镇姑孰时事也。

作者怀疑当涂龙山是真的，但也拿不出什么证据，只是根据"旧经"有这样的记载而猜测如此。清代赵宏恩等监修的《江南通志》做了进一步的论证：

> 按温镇武昌，非江陵也。武昌无龙山。温时为镇将，岂得适千里游山乎？又考《陶靖节集·孟嘉传》云："嘉令巴丘，入官从事中郎，迁长史。在朝陨然，正顺而已。每会神情独得，超然命驾，径之龙山，顾影酣宴，造夕乃还。"若江陵龙山，距朝三千余里，何能趣命驾而竟夕返乎？其为当涂龙山灼然矣。郡志云："桓温尝以重九日与僚佐登此，疑必温移镇姑孰时事也。"

〔宋〕梁楷《东篱高士图》

这里提出了两条理由。一是桓温镇守的是武昌，不是江陵，而武昌是没有龙山的。第二条理由出自《陶靖节集·孟嘉传》，就是陶渊明的《晋故征西大将军长史孟府君传》。这两条理由都是不能成立的。

关于第一条理由，穆帝永和元年（345），久踞荆州的权臣庾翼病故，临死前庾翼上表请求让他的儿子庾爰之继任他的职务。由于荆州是东晋重镇，关于庾翼的继承人选在朝臣中引起争论，有人认为诸庾世在荆州，人情所归，应依庾翼所请，让庾爰之镇守荆州。但时任宰辅的侍中何充认为：

> 荆楚，国之西门，户口百万，北带强胡，西邻劲蜀，经略险阻，周旋万里。得贤则中原可定，势弱则社稷同忧。……桓温英略过人，有文武识度，西夏之任，无出温者。

于是桓温被派到荆州去了。江陵是荆州的治所，桓温怎么会不驻守在江陵而跑到武昌去呢？

第二条理由误解了"在朝隤然"之语，想当然地以为"在朝"就是在朝廷，东晋朝廷在建康，孟嘉既然能在朝廷与龙山之间当天往返，只能是当涂龙山，不可能是千里之外的荆州龙山。殊不知"朝"在古汉语中也可以指地方高级官吏处理政务的地方。如《晋书·刘琨传》：

> 琨剪除荆棘，收葬枯骸，造府朝，建市狱。

《资治通鉴·宋武帝大明元年》：

> 丹杨尹颜竣以藩朝旧臣，数恳切谏争。元胡三省
> 注：晋宋之间，郡曰郡朝，府曰府朝，藩王曰藩朝。

桓温作为刺史、作为大司马，其官署自然也可以称为"朝"。孟嘉为桓温幕僚，说他"在朝陨然"，"朝"无疑是指桓温的官署。这样一来，无论是荆州龙山还是当涂龙山，孟嘉都可以朝往龙山，"造夕乃归"了。

今天的学者，有的主张荆州龙山说，有的主张当涂龙山说，迄无定论。如王辉斌《李白诗中之"龙山"考》一文认为桓温不曾移镇姑孰，由此得出孟嘉落帽之山为荆州龙山的结论。张才良《九日何处龙山饮？》一文认为桓温曾移镇姑孰的实事不容否认，作为地理学专家的李吉甫在《元和郡县志》中的记载是明确无疑的。李子龙《李白诗文遗迹释考》也主张当涂龙山说。郁贤皓在为李书作的序中说："本书根据陶渊明《晋故征西大将军长史孟府君传》记载……认为孟嘉落帽之龙

山必在当涂，否则孟嘉不可能在朝中兴起即往龙山，傍晚即归。这结论有充分根据，显然有很强的说服力。"平心观之，各家都没有可信的根据，所以谁也说服不了谁。

我们认为桓温重阳宴饮之地应该是荆州龙山，而非当涂龙山，根据有两条。

其一，孟嘉落帽的事发生在他任参军之职的时候，这在陶渊明的《晋故征西大将军长史孟府君传》及《晋书·孟嘉传》中说得很清楚。孟嘉任参军之职的时间不会晚于东晋穆帝之世，即不会晚于穆帝病故的 361 年。陶渊明《晋故征西大将军长史孟府君传》中记载说：孟嘉奉桓温之命到朝廷办事，"孝宗穆皇帝闻其名，赐见东堂。君辞以脚疾，不任拜起。诏使人扶入。……还至，转从事中郎，俄迁长史"。这就是说，孟嘉在见过穆帝回到桓温治所后就从参军升为从事中郎，不久又升为长史了。桓温之所以在这时提拔孟嘉，是因为孟嘉去京城的时候，朝廷想留下这位名士，给他授予了"尚书删定郎"的官职，但孟嘉没有接受，仍旧回到桓温麾下，桓温自然心存感激，故连升其职。那么，桓温是什么时候移镇姑孰的呢？《晋书·桓温传》：

　　　　属鲜卑攻洛阳，陈祐出奔，简文帝时辅政，会温于洌洲，议征讨事，温移镇姑孰。会哀帝崩，事遂寝。

这是说鲜卑人进攻洛阳的时候，当时辅政的司马昱（后来的简文帝）与桓温在洌洲（今安徽和县）商量征讨鲜卑的事，商量完后桓温把他的大本营从赭圻（今安徽繁昌）转移到了姑孰。恰巧这时哀帝死了，于是北伐鲜卑一事就停了。哀帝是兴宁三年（365）二月驾崩的，所以司马光《资治通鉴·晋纪二十三·哀皇帝》中记载说：兴宁三年春正月，"大司马温移镇姑孰"。胡三省注："温又自赭圻而东镇姑孰。"王辉斌把"事遂寝"之"事"解释为"桓温移镇姑孰时，正好哀帝死，移镇姑孰之事即作罢论"。纯属曲解。既然桓温是365年才移镇姑孰的，可见重阳宴饮的事不是发生在当涂。

其次，重阳宴会上写文嘲讽孟嘉的是孙盛，孙盛当时在桓温手下当咨议参军。《晋书·孙盛传》中说：孙盛跟随桓温伐蜀，"蜀平，赐爵安怀县侯，累迁温从事中郎。从入关平洛，以功进封吴昌县侯，出补长沙太守"。据《晋书·桓温传》《资治通鉴》等文献记载，桓温消灭成汉、平定蜀地是在永和三年（347）三月，这之后孙盛被升为从事中郎。永和十二（356）年，桓温第二次北伐，八月，攻占了洛阳。孙盛因"从入关平洛"，出补长沙太守。这就是说孙盛在356年或次年离开了桓温，龙山宴会必在此年之前。这一事实也支持荆州龙山的观点。

如果要做进一步的推论，桓温龙山宴饮可能发生在永和元年（345）至三年之间。桓温是永和元年庾翼病逝后接替庾翼出任荆州刺史的，龙山宴饮不可能早于此年。永和三年后孙盛官升从事中郎，已非咨议参军，根据官衔称高不称低的习惯，知其事在孙盛担任从事中郎之前。另外，龙山宴饮之时桓温的头衔是征西大将军。《世说新语·识鉴》引《嘉别传》：

> 后为征西桓温参军。九月九日，温游龙山，参僚毕集。

《晋书·孟嘉传》：

> 后为征西桓温参军，温甚重之。九月九日，温燕龙山，僚佐毕集。

《晋故征西大将军长史孟府君传》所述相同。桓温是永和二年升为征西大将军的，这在《晋书·桓温传》中有明确的记载：

> 永和二年，率众西伐。……振旅还江陵，进位征西大将军、开府，封临贺郡公。

这样，"温燕龙山"的时间可进一步确定为永和二年和三年之间。

历代帝王也热衷重阳登高宴饮。《南齐书·齐武帝本纪》记载，永明五年（487）九月，齐武帝下诏重阳节登高并在商飙馆宴请群臣。商飙馆是齐武帝主要为重阳节登高游玩而建的离宫，所以世人也称为"九日台"。梁代沈约《郊居赋》中有"望商飙而永叹，每乐恺于斯观"的记述。商飙馆建在孙陵岗上，孙陵岗就是今天南京的梅花山。清代时金陵有所谓"四十八景"，"商飙别馆"为其中之一，但原馆早就无迹可寻，今天梅花山前的商飙别馆是重新修建的。

　　唐代帝王在重阳节这天都要登高游览，给群臣赐宴。他们喜欢登临的是西安南郊慈恩寺里的大雁塔、曲江园林里的曲江亭等。《新唐书·韦绶传》中说，集贤学士韦绶颇受唐穆宗的器重，言听计从。九月九日，朝廷为群臣在曲江设宴，按惯例，官员依照职位的高低依次就座，韦绶却请求集贤学士单独聚会，不跟众大臣混杂，穆宗皇帝答应了。唐代武平一的《景龙文馆记》中说，唐中宗曾在重阳节"幸临渭亭，登高赋诗，学士皆属和"；还曾"幸慈恩寺登浮图，群臣献菊花酒称寿"，唐代上官昭容就有《九月九日上幸慈恩寺登浮图，群臣上菊花寿酒》诗。宴会上皇帝要作诗赏赐群臣，并让群臣奉和，皇帝评定大臣们诗作的优劣，分出等次，但宰相的诗不参加评级。《旧唐书·德宗本纪下》中说，贞元四年（788）重阳日，"赐百僚宴于曲江亭，仍作《重阳赐宴诗》六韵赐之。群臣毕和，上品其

杜牧《九日齐安登高》
〔清〕徐倬编《御定全唐诗录》书影

优劣"。登高赋诗是古代上流社会的一个传统。孔子就曾说过，"君子登高必赋"。《诗经·鄘风·定之方中》把"升高能赋"列为大夫的"九德"之一。《汉书·艺文志》中也说："登高能赋，可以为大夫。"所以历代流传下来的重阳登高诗为数不少。

如果重阳这一天遇到不得不办的公务或是天气恶劣，就推后在九月十九日设重阳宴。如唐文宗太和九年（835）的重阳节就因故推到了九月十九日，仍然是两个阳数相重，"未失重阳之义"。这表明重阳赐宴是不能随便取消的。民间也常有这种补过重阳的情况。元代乔吉的散曲《折桂令·重九后一日游蓬莱山》中写道：

重阳雨冷风清，阻却王宏，淡了渊明。昨日寒英，今朝香味，未必多争。蜂与蝶从他世情，酒和花快我平生。纵步蓬瀛，会此同盟，醉眼青青。

唐代帝王中最喜欢宴乐的大概要数穆宗李恒。元和十五年（820）正月，宪宗暴死，梁守谦、王守澄等人立即拥立太子即位，这就是唐穆宗。按照礼制规定，穆宗要为宪宗守孝三年，守孝期间不能饮酒作乐。然而这年重阳节，穆宗照旧大宴群臣。当时李珏、宇文鼎等大臣上疏劝谏，认为宪宗陵土未干，年号尚且未改，希望他取消重阳高会。穆宗未予理睬（《新唐书·李珏传》）。

宋代也在重阳日宫中设宴，招待百官和皇室成员。如宋仁宗庆历五年（1045）重阳节，"曲宴近臣、宗室于太清楼，遂射苑中"。重阳宴饮时官员按官职大小来排座，这也是一个古老的传统。北宋钱惟演的《金坡遗事》中记载了这样一件事：

> 李昉是宋初著名学者，主编了《太平御览》《太平广记》《文苑英华》三部大书，很受宋太祖赵匡胤的器重。李昉由于生病回家疗养，耽误了晋级，结果在重阳宴会上排在卢多逊之下。宋太祖得知原因后，当堂任命李昉为学士，并让他坐在了同为学士的卢多逊之前。

朝廷重阳设宴的传统直到清代仍然遵行不废。如清代雍正五年（1727）的重阳节，雍正皇帝在正大光明殿为诸王及大臣赐宴，还给参加宴会者赏赐了绫罗绸缎以及雍正四年（1726）重阳庆宴上作的御诗的刻印本人各一册。慈禧太后每年重阳在北海东的桃花山登高野餐，周围还架设蓝布围障，防止闲人偷看。

有道是"上行下效"。帝王如此，地方官员自然也少不了在重阳节登高宴饮。唐代欧阳詹在《鲁山令李胄三月三日宴寮吏序》中说，皇帝在二月一日中和节、三月三日上巳节、九月九日重阳节这三大节日里，"赐群臣大宴，登高临川，与时所宜。洎四方有土之君亦得自宴其僚属"。"四方有土之君"就是指地方官员，他们也可以在这三大节日里设宴招待属下。其中颇为世人称道且产生了深远影响的，是江西滕王阁上的一次重阳盛宴。

唐高宗上元二年（675）重阳节，洪州（江西南昌）都督阎伯屿携文武官员登上滕王阁欢宴，当时"唐初四杰"之一的王勃因前往交趾（今越南北部）探望在那里做官的父亲，恰好路过洪州府。因王勃当时在文坛上已小有名气，所以被邀请入席。

酒酣兴高之际，阎都督请各位嘉宾为文赋诗以记欢宴盛况。阎都督有个姓孟的女婿，文笔不错，阎都

菊日泛舟，登秋
熙浩武素阔望
江湄情奈爷万
千古事共日去
亭一会湖荐
虚知否者君松
还且作政突鲜
布妍快玉顺萍
去春春时东风
逞之
甲申李蔡下澜
诸月

〔元〕佚名《滕王阁图》

督想让这位孟学士在各位嘉宾面前显露一下，孟学士也提前写好了文章。来宾知道阎公的意图，纷纷谦让，表示愿意聆听孟学士的佳篇。轮到王勃的时候，年少气盛的他竟不推辞，展纸挥毫，书写起来。阎都督有些不高兴了，拂衣而起，转入帐后，吩咐小吏随时通报王勃写了些什么。小吏来报开头两句"南昌故郡，洪都新府"时，都督不以为然地说："不过是老生常谈。"接着又报来"星分翼轸，地接衡庐"两句，阎公沉思不语。当报来"落霞与孤鹜齐飞，秋水共长天一色"两句时，阎公惊喜地站了起来，说："此真天才，当垂不朽矣。"于是阎公回到席上，开怀畅饮，宾主极欢而罢。王勃写的这篇文章叫《滕王阁序》，文辞华美，警句迭出，除上面提到的"落霞与孤鹜齐飞，秋水共长天一色"外，还有"老当益壮，宁移白首之心；穷且益坚，不坠青云之志""东隅已逝，桑榆非晚"等，都是古来为人们经常引用的佳句，至今脍炙人口。

重阳宴会上参加者都要赋诗，《滕王阁序》中有"一言均赋，四韵俱成"的话，便是证明。参会者的诗要汇编成册，还要请人为诗集写一篇序，交代诗集的由来。序一般由德高望重的人来写，所以才有大家你推我让，而对王勃不谙世故的举动感到生气的故事。

在有些故事中，王勃写《滕王阁序》的过程还加上了一段神奇的序曲。

> 说九月八日王勃乘船至马当山的时候，遇到一位道骨仙风的长者。长者向王勃施揖说："明天是重阳节，南昌都督要客人写《滕王阁序》，你有文才，何不前往一展风采？"王勃说："这里距南昌七百余里，今天已经是九月八日了，哪儿来得及呀？"那位长者说："你真想去，我可以作法让清风很快把你的船送达南昌。"于是王勃登舟起程，次日清晨就到达了南昌，在仙人的帮助下赶上了这场重阳盛宴。

《滕王阁序》中有"时维九月，序属三秋"的话，两句话意思一样，等于说了一句废话，为人诟病。宋人叶大庆在《考古质疑》卷五中指出：既然是重阳设宴，王勃不会只是泛泛地说九月，而不提具体日子，他认为"时维九月"之"月"是"日"字之误，这样就没有重复的毛病了。叶大庆的意见显然是正确的。日本正仓院藏有传世最早的《滕王阁序》手抄本，抄写于公元 707 年，距王勃去世仅有 30 年左右的时间，其中的

〔明〕文徵明《滕王阁序（局部）》

不少文字与后世通行的版本存在差异，"时维九月"之"月"写的是武则天称帝时期新造的"〇"（日）字。

由于王勃的这篇文章，滕王阁也名垂千古，与湖南洞庭湖畔的岳阳楼、湖北武昌的黄鹤楼和山东蓬莱的蓬莱阁并称中国四大名楼。滕王阁始建于唐永徽四年（653），是唐太宗的弟弟滕王李元婴任洪州都督时兴建的，原阁于宋大观二年（1108）倒塌。历史上滕王阁屡建屡毁，兴毁更迭达 29 次之多。历代的人们对一座木楼如此钟情，全赖了《滕王阁序》的巨大影响。今天的滕王阁是第 29 次重建，始于 1985 年，落成于 1989 年的重阳节，楼共九层，净高 57.5 米，濒临南浦，面对西山，视野

滕王阁序

南昌故郡，洪都新府。星分翼轸，地接衡庐。襟三江而带五湖，控蛮荆而引瓯越。物华天宝，龙光射牛斗之墟；人杰地灵，徐孺下陈蕃之榻。雄州雾列，俊彩星驰。台隍枕夷夏之交，宾主尽东南之美。都督阎公之雅望，棨戟遥临；宇文新州之懿范，襜帷暂驻。十旬休暇，胜友如云；千里逢迎，高朋满座。腾蛟起凤，孟学士之词宗；紫电青霜，王将军之武库。家君作宰，路出名区；童

非常开阔。主体建筑为宋式仿木结构，碧瓦丹柱，雕梁飞檐，气势雄伟。滕王阁以其深厚的文化魅力，每年吸引着成千上万的中外游人来此登临远眺，尤以重阳节为盛。

有些地方重阳宴饮规模很大。唐宋以来成都的药市非常红火，而以九月九日玉局观的药市最为有名。重阳这一天，成都官府在旧宣诏堂及谯门外至玉局观的五门间大摆宴席，招待监司宾僚，宴饮两天。此外还在沿街搭设帐篷棚屋，作为游观时的憩息之所。玉局观前摊位鳞次栉比，游人摩肩接踵。药市上还设有大酒樽，供人们随意取饮。一直要热闹五天。一派官民同乐的和谐景象。

百姓的登高则比较自由随意，饮食都是随身自带。到山上之后，亲朋聚在一起，席地而坐，边吃喝，边谈笑。有时还引吭高歌。北宋龙衮的《江南野史》中记载：

> 唐代一位姓尹的女子容貌秀丽，善于唱歌。重阳之日，尹氏"与群女戏登南山文峰，而同辈命之歌。乃颦眉缓颊，怡然一曲，声达数十里。故俗耆旧云尹氏之歌闻于长安"。歌声能传到长安城里，堪称"响彻云霄"了。

登高不全是赏心乐事，有时也会发生安全事故。唐代冯敬微有一篇《对九日登高坠脚判》的文章，是对一桩官司的判词。案由是"杨甲九月九日登高，坠脚致跛。乙告为不孝。"古代孝道中把损伤身体视为对父母的不孝。《孝经》中说："身体发肤，受之父母，不敢毁伤，孝之始也。立身行道，扬名于后世，以显父母，孝之终也。"杨某九日登高时不慎失足致跛，所以有人告他不孝。

宋代重阳的登高盛况在孟元老的《东京梦华录》卷八《重阳》中有介绍，说首都汴京（开封）的人们重阳节"多出郊外登高，如仓王庙、四里桥愁台、梁王城砚台、毛驼冈、独乐冈等处宴聚"。其他各地也都大同小异。皇祐二年（1050）重阳节，四川新都的大夫孙隐之跟老百姓一起"升山高会，宾主俱满头黄菊，泛茱萸"，一派官民同乐的热闹景象。

元代虽然是蒙古族统治天下，但汉族的传统文化仍然是主流文化，重阳登高宴饮的风气并未稍减。元代贾仲明的杂剧《吕洞宾桃柳升仙梦》中有这样的情节：

> 小生长安人氏。姓陈名仲泽。此位是李大户。这三位是俺街坊，有一人姓柳名春，字景阳，其妻陶氏，是这长安城中点一点二的财主，家私有万倍之利的人家。时遇秋天九月，重阳节令，请俺众街坊，去郊外秀野园，安排酒果，登高赏玩。

这说的是有钱的财主重阳节时请街坊登高宴饮。有的甚至为过重阳而不惜一掷千金。元代马谦斋《中吕·快活三过朝天子四边静·秋》有这样的描写：

> 香山叠翠，红叶西风衬马蹄。重阳佳致，千金曾费。黄橙绿酷，烂醉登高会。

明清时期，北京地区人们重阳登高颇盛，这在当时的民俗著作中有生动的记述。明代刘侗、于奕正《帝京景物略》卷二《春场》：

> 九月九日，载酒具、茶炉、食榼，曰登高。香山诸山，高山也；法藏寺，高塔也；显灵宫、报国寺，高阁也。释（僧人）不登。赁园亭，闻坊曲，为娱耳。

清富察敦崇《燕京岁时记》云：

> 京师谓重阳为九月九。每届九月九日则都人提壶携榼，出都登高。南则天宁寺、陶然亭、龙爪槐等处，北则蓟门烟树、清净化域等处，远则西山八处。赋诗饮酒，烤肉分糕，询一时之快乐也。

清末徐珂编《清稗类钞·时令类》也提到北京人九月九日游法藏寺，登佛塔，有的去齐化门外土城登高。不论文人百姓，都喜欢登高后在山上野餐。有些贵戚富家则带上幕帐、烤具、车马、乐器，登高台、土坡，架起幕帐、桌椅，大吃爆烤羊肉或涮羊肉，并唱戏奏乐，听歌看舞。

其他地方也是如此。如河北新河地区，重阳节的时候要用面和枣蒸重阳糕，用新收获的黍子酿酒，人们三五结伴，到城外山冈上野餐。

没有高山可登的地区则以楼阁寺观为登高处。如河北曲周县没有山，重阳节人们或登高楼，或登城头。天津属华北平原地区，城市周围也无山可登，所以重阳节人们登玉皇阁、水月庵、望海寺、望海楼、鼓楼等楼阁。上海附近也无山丘，便把沪南丹凤楼及豫园的大假山等处作为登高雅集之所。《清稗类钞·讥讽类》中说：

金奇中侨沪久矣，以沪无山，每届重阳，辄登味莼园之眺华阁，以西望龙华之塔。

民国年间还有登二十四层高的国际饭店的。不去登高的人则在家中宴饮。

清代著名学者江永曾在家乡江西婺源某富人家当家庭教师。他认为人的一切都是命中注定的，所以主人问什么，他总是说这是定数。主人感到厌烦，就把他辞退了。第二年重阳节，那位富人邀请亲朋做"茱萸会"，江永碰巧路过其门，富人邀请江永入席。江永喝了三杯酒，吃了两个馒头，便起身告辞。富人留他住宿，江永说："这是定数。"他把富人领到书房里，见书柜背后贴着一张纸条，上面写着："三年宾主欢，一日遽分手。尚有未了缘，明年九月九。邀我赏茱萸，酌我三杯酒。数定且归休，只啖两馒首。"

（《清稗类钞·方伎类》）

　　江永为了让富人相信他说的定数，提前把字条悄悄留在富人家里，然后在重阳这一天假装偶过富人之家，以达到"定数"有验的目的。这则故事说明富人家重阳做"茱萸会"是每年都有的惯例，江永熟知这一情况，所以才实施了验证"定数"的小把戏。

　　陕北过重阳是在晚上，白天是一整天的收割、打场。晚上月上树梢，人们喜爱享用荞面熬羊肉。待吃过晚饭后，人们三三两两地走出家门，爬上附近山头，点上火光，谈天说地，待鸡叫才回家。夜里登山，许多人都摘几把野菊花，回家插在女儿的头上，用来避邪。

　　在济南，重阳节是千佛山山会的日子。千佛山位于济南市区南部，海拔 285 米。历史上曾叫历山、舜耕山，隋代开皇年间，依山势镌凿佛像多尊，并建"千佛寺"，始称千佛山。唐代将"千佛寺"改名为"兴国禅寺"。济南风俗，每年重阳节，人们要到千佛山登山，站在"赏菊岩"上赏菊。自元代开始，定九月九日为千佛山庙会。庙会期间，山下扎彩棚，唱三天大戏，还有马戏、魔术、杂技、曲艺等活动。长长的山路两旁摆

山邑墅菊春清風塞
小圃光報嶺楓無暑
不出秋氣至敷叢茱
蕊放雜宮　乙酉秋日山
莊偶成並書

满了各种小摊，有卖山果杂货的，有卖小吃熟食的，有卖手工玩具的，叫卖声此起彼伏。从山脚下到盘路口，绵延数里，摩肩接踵，人流如织。最吸引游人的是济南南山盛产的柿子和山楂。有金灿灿的大合柿、牛心柿，有"烘柿""懒柿"，也有"喝蜜儿"的小软柿，甘甜可口，令人垂涎。赶庙会者多买柿子而归，所以千佛山庙会又有"柿子会"之称。

平日清寂的千佛山兴国禅寺，在重阳节前后也热闹非凡。僧人们诵经做佛事，善男信女们烧香敬佛，布施功德钱粮。在千佛山下，东西两条盘路分口处，建有一处"灵官庙"，坐南朝北，是上山的必经之路。庙宇虽小，香火极盛。一些年老体弱的香客，爬不上山去，就在这里烧香，因此有"上山不上山，先拜王灵官"的说法。

1949 年以后，千佛山庙会改称千佛山山会，每年仍按时令正常举办。2009 年千佛山山会被列入山东省省级非物质文化遗产名录，已经成为济南市的著名文化品牌。近几年来，千佛山重阳山会规模不断扩大，内容也日益丰富，每届山会前来登山的游客总数超过 20 万人，是每年金秋时节济南市的一项重大活动。

南京人的重阳登高颇具佛教色彩。不管是大人还是小孩，也不管信佛还是不信佛，重阳这一天人们都怀揣重阳糕，拎着一葫芦水，手持重阳旗，来到南门外的长干寺前三三两两地烧

"斗香"（把多根细长的香扎成一小柱，再将小的香柱扎成一个圆形底盘，然后再一层层地往上垒成宝塔形），目的是请阿育王（印度孔雀王朝的国王，大力推崇佛教）算算自己一生的命运。

长干寺的阿育王塔在明永乐年间因火灾而焚毁，明成祖下令在原址上重建了大报恩寺及九层琉璃宝塔，长干寺就不复存在了。

福州也有重阳登高的传统，登高地点主要在于山、乌山、大庙山等。大庙山上有一座登高亭，亭的旁边有一块登高石。每到重阳佳节，南台群众扶老携幼来此登高，通向大庙山的每条山路都人流如潮，两旁摆满了兜售各种物品的小摊。大庙山的重阳节如此吸引人，主要是靠那块登高石的魅力。据说重阳日如果站在上面，老人会增寿，儿童会增高。人们未必信以为真，但图吉利的心理几乎是人人都有的，所以还是乐意来此登踩。原有的登高石据说是从天上掉下来的，人称"天星落地"，早年间曾毁坏。如今的登高石是1995年新立的。

广州人重阳登高一般选择白云山。白云山位于距广州北郊约15千米处，有"南越第一山"之称。其由30多座山峰组成，主峰摩星岭海拔382米，峰顶常有白云飘绕，故名白云山。广州人喜欢晚上登白云山，每年登山的人有十几万，不少人就在山上搭帐篷过夜。2005年重阳节，为确保市民度过一个安全、祥和、欢乐的节日，广州市派民兵在山上指定位置执勤，24 小时执行防火抢险任务。民兵到达指定驻点后，搭建指挥部，备好防火工具，巡察附近地形地貌，掌握防火安全重点区域，发现有人吸烟或燃点蜡烛就马上上前劝止。

广东台山的下川岛也有一块登高石，石壁上国画大师关山月题有"登高石"三字。传说登上此石能给人带来好运，所以每年来此登高的人很多。

由于重阳登高的风气越来越盛，由此造成了一些安全问题，如野炊引起火灾、路险导致人身伤亡等。为此，不少地方政府往往在重阳节前发布通知，要求各部门做好重阳节期间的安全工作。如广州市人民政府办公厅 2005 年就下发了《关于做好2005 年重阳节期间群众登高活动安全工作的通知》（穗府办〔2005〕43 号），要求各部门、各单位高度重视和切实做好重阳期间群众登高活动安全工作。从重阳节的安全问题引起政府的高度重视这一点就可以看出重阳登高的火爆，古老的重阳风俗如今仍在延续。

重阳糕

重阳节虽然是汉末兴起的一个民间节日，但作为重阳节应时食品的重阳糕，历史却比重阳节还要悠久。当然那时的重阳糕并不叫重阳糕，而是叫糍、饵之类的名称。东汉许慎在《说文解字》中解释说："糍，稻饼也。"古代把面食统称为饼。那么"稻饼"具体指什么呢？清代学者桂馥在《说文解字义证》中说：

俗以九月九日食糕，即糍糕。

可见糍就是糕类食品。饵的本义《汉语大字典》及《汉语大词典》都释为"糕饼"，是糕类食品的统称。糕类食品有两个特点。一是用水将米粉或面粉拌和成面团蒸熟而成。《周礼·天官·笾人》中提到"糗饵粉糍"，东汉郑玄解释"饵""糍"说：

此二物皆粉稻米、黍米所为也。合蒸曰饵，饼之曰糍。

《急就篇》第二章唐代颜师古注云：

溲米而蒸之则为饵。

溲就是用水拌和的意思。二是黏性较大。《释名·释饮食》：

饵，而也，相黏而也。

"而"指胡须。所谓"相黏而"当是说吃时容易黏到胡须上。糍、饵二词先秦已见使用，可知糕食历史的悠久了。

重阳节一出现，糕就登堂入室，成了节日的重要组成部分。《西京杂记》卷三中说西汉时宫中九月九日有"佩茱萸，食蓬饵，饮菊花酒"的习俗，我们上面已经说过，这段记载不可信，西汉时期还没有重阳节，但把它当作晋代重阳节有食蓬饵习俗的记载来看则是没有什么问题的。嗣后隋代的一些文献中也有类似的记载。杜台卿《玉烛宝典》：

> 九日食蓬饵，饮菊花酒。

《荆楚岁时记》"九月九日四民并藉野饮宴"隋代杜公瞻注：

> 今北人亦重此节，佩茱萸，食饵，饮菊花酒，云令人长寿。

蓬饵是用什么做成的呢？我们可从后世的"蓬糕"知其大略。宋代林洪在《山家清供》卷下中介绍说：制作蓬糕时，把鲜嫩的白蓬煮烂捣细，掺和上米粉，加入白糖，然后上锅蒸，闻到香气后就算蒸熟了。蓬草的籽实是可以食用的。《新唐书·食货志》中记载说，唐懿宗的时候，北方大旱。到了冬天，贫寒人家没有吃的，便"以蓬子为面，槐叶为齑"。李时珍《本草纲目》一书中的记述说，用蓬草子做饭吃，跟粳米相差无几。蓬饵就是将蓬子制成面，与米粉掺和，蒸熟而成。在民俗观念中蓬有抵御灾乱的作用。《礼记·内则》"射人以桑弧蓬矢六"，唐代孔颖达疏："蓬是御乱之草。"所以重阳节食蓬饵最初带有避邪的用意，《西京杂记》中就有"食蓬饵以祓妖邪"的说法。

糕字最早见于西汉扬雄《方言》第十三："饵谓之糕。"但此糕字在一些引文中写作餻。周祖谟《方言校笺》：

> 《原本玉篇》餻，余障反，引《方言》"饵谓
> 之餻"，《御览》卷八六〇引同。《集韵·漾韵》餻
> 下亦云："《方言》饵也。"是《方言》旧本餻有
> 作餻者。

至于餻、餻的是非，周氏未加判断。学界对此有三种观点。
1. 餻是而餻误。清钱绎《方言笺疏》：

> 自唐以来未见有餻字，《玉篇》始有余障之音，
> 后人以误传误，遂改《方言》之餻为餻，而并及注文
> 耳，非是。

2. 餤是而餻误。王引之《经义述闻》第二《兑为羔》：

恙从羊声，故旧读作羊，亦如驤龙同声而旧读驤为龙，拘狗同声而旧读拘为狗。隶书心作忄，火作灬，二体相似，故恙字讹而为羔。《方言》"饵谓之餤"，《太平御览》引作餤，又引郭璞"音恙"。《广雅》"餻饵也"曹宪音高，《玉篇》《广韵》竝作餤，音余障切，饵也。是其例矣。

王国维《观堂集林》卷五《书郭注〈方言〉后三》：

《御览》八百六十引作"饵谓之餤"，下有注'音恙'二字。《原本玉篇·食部》：'餤，余障反。'引《方言》'饵谓之餤'。《广韵·四十七漾》：'餤，饵也。'《集韵》则云：'餤，《方言》：饵也。'又《原本玉篇·食部》无餻字，大广益会本始有之。是六朝尚无餻字。《广雅》之餻字亦本作餤，与《方言》同，均后世所追改也。

3. 两说并存。华学诚《扬雄方言校释汇证》：

不可轻议'餻'字为非。慧琳《一切经音义》卷六二'餻饼'注引《字统》：'餻，饵也。'《说文新附·食部》：'餻，饵属。'王国维以为宋本《玉篇》始有'餻'字，非是。今仍旧本，并存各家说，俟考。

王国维自然知道传世《一切经音义》和《说文新附》中有餻字，只是他认为那都是宋人所改。

虽然持第一种说法者势单力薄，但我们认为该说大致可取，有四条理由。

其一，隋曹宪《博雅音》"餻"直音"高"。《隋书·五行志上》："是岁（571），又有童谣曰：'七月刈禾伤早，九月吃餻正好，十月洗荡饭瓮，十一月出却赵老。'七月（和）士开被诛，九月琅邪王（高俨）遇害，十一月赵彦深出为西兖州刺史。"童谣以"餻"谐"高"。《隋书》虽然是唐初魏徵等人所撰，但其中的童谣应该是前代资料，由此可知南北朝时期"餻"读作高。以上两条资料是目前所知最早且最为可靠的"餻"的读音信息。

"餻"音"余障反"的最早资料也有两条：一是《四部丛刊》本《太平御览》引《方言》"饵谓之餻"下注"音恙"，王念孙王引之父子认为这是晋代郭璞的注；二是《原本玉篇》

清代卖菊花和重阳糕的小贩

"餻"音余障反。这两条资料都是有问题的。

传本《方言》各本均无"音羔"的注音，将此视为郭璞注，没有依据。这应该是《御览》编者所注，《御览》中凡没有交代注者的注音一般都是编者所加。

所谓《原本玉篇》只是唐代抄本，很难保证传抄中没有误认修改。窃谓将余障反理解为唐代个别人的臆注比较合理，因为多数唐代资料中都是餻音高。慧琳《一切经音义》卷六十二《根本说一切有部毗奈耶杂事律》第五卷："餻饼，上音高。……《古今正字》：'从食，羔声。'"《古今正字》是唐代张戬为规范字形而编撰的一部字典，未尝提及还有从食恙声的异作。敦煌《俗务要名林·饮食部》："餻麋，黏米麋，上音高。"

因此，就证据的可靠性及时代性而言，音高说比音恙说可信度更高。

其二，唐初郎知本（或作年）《正名要录》："餻。"从食皋声。或作糕。明顾充《字义总略·四字通用》："糕餻餻糕。"由异体从皋声可知，餻在隋唐之际读高。

其三，从实际使用来看，餻（糕）南北朝以来一直都有用例，餻则只是现身于辞书，未见使用。今天南北各方言中几乎都有餻（糕）这个词，却不见有餻这一食品名，如果餻食从汉至宋一直存在，为何今天的方言中不见餻的踪影？合理的解释是餻本来就是子虚乌有的食品。

其四，餻当得名于膏，故字或作鎬。《集韵·豪韵》："餻糕鎬，《博雅》：'饗餻，饵也。'或从米从高。"餻是用糯米粉及黍米粉制作的糕饼，是一种软糯的食品。《周礼·天官·笾人》："羞笾之实，糗饵、粉餈。"郑玄注："此二物皆粉稻米、黍米所爲也。合蒸曰饵，饼之曰餈。"贾公彦疏："今之餈餻皆解（饼）之，名出于此。"膏是肥肉，与软糯的餻类似，餻盖由此得名。事实上餻古代也写作膏。唐王仁昫《刊谬补缺切韵》卷一："餻，餻餻，黍膏。""餻，餻餻，膏麋。""膏麋"即"餻麋"。《正字本刊谬补缺切韵》："餻，餻麋。"敦煌《俗务要名林·饮食部》："餻麋，黏米麋，上音高。"《原本玉篇残卷·食部》："餻，徒当反。《方言》：'饵或谓之餻。'郭璞曰：'江皆东（琳按：'皆东'误倒）言餻也。'《释名》：'兖豫谓饵曰餻餻也。'"

日本昌住《新撰字镜》卷四《食部》（898—901）："餻膏，二字古教反，去。今俗人正月半作食也。又古到反，平。"隋杜台卿《玉烛宝典·正月孟春第一》："其月十五日则作膏麋，以祠门户。"五代韩鄂《岁华纪丽·正月·上元》："祭户遗风。《荆楚岁时记》云：今州里风俗，望日祭门户。先以柳条插于左右门上，乃以酒脯饮食豆粥餻麋祭之。"此亦餻、膏相通之证。

关于六朝以前有无糕字的问题，唐宋诗人间还有一桩公案。

唐韦绚《刘宾客嘉话录》载：

> 为诗用僻字须有来处。宋考功诗云："马上逢寒食，春来不见饧。"尝疑此字。因读《毛诗》，郑笺说"箫"处注云："即今卖饧人家物。"[1] 六经唯此注中有饧字。缘明日是重阳，欲押一餻字，寻思六经，竟未见有餻字，不敢为之。常讶杜员外"巨颡拆老拳"，疑"老拳"无据，及览《石勒传》"卿既遭孤老拳，孤亦饱卿毒手"，岂虚言哉？后辈业诗即须有据，不可率尔道也。

这里刘禹锡不敢用餻字的故事引发后人极大的兴趣，纷纷发表议论，或讥讽刘禹锡的拘泥，或轻薄刘禹锡的学识，当然也有为刘禹锡张目撑腰的，题餻也成了重阳节诗文的一个常用典故。

唐代重阳食糕已很流行，刘郎作诗想用糕字正是这种时尚

---

1 原文见《诗经·周颂·有瞽》"箫管备举"郑玄笺："箫，编小竹管，如今卖饧者所吹也。"宋王谠《唐语林》卷二引《刘宾客嘉话录》作"即今卖饧者所吹"。

的一个侧影。《刘宾客嘉话录》中还有一则不敢食糕的趣事：

> 唐代有个叫袁德师的人，他的父亲名叫袁高。九
> 月九日，袁德师去参加一个重阳宴会，席上自然少不
> 了重阳糕，但他不敢吃，说："我不敢吃，诸位全都
> 吃了吧。"别人问他为什么不敢吃，他说糕是他父亲
> 的名讳。因为父亲名字叫高，以致他连重阳糕都不敢
> 吃。幸好父亲没有取名为"范"，要不连饭也不能吃，
> 真不知怎么个活法。

唐代的重阳糕是什么样的，我们不得其详，只见到文献中
提到一种叫"麻葛糕"的重阳糕，见于唐代张九龄等撰的《唐
六典》卷四《膳部》中。后世有些地方也沿用"麻葛糕"这一
名称。如江苏《仪真县志》：

> 重阳旧事有茱萸佩囊，今俗相馈用麻葛糕。仪邑
> 则以糖秫杂糅为之，市鬻标以彩幡，供小儿嬉戏。

到了宋代，重阳节之时人们很看重食糕，遂使重阳糕成了
节日的重头戏，"重阳糕"这个名称就是宋人提出来的。宋代
吕原明的《岁时杂记》中介绍说：

二社、重阳尚糕，而重阳为盛。大率以枣为之，
或加以栗，亦有用肉者。

时人对重阳糕的讲究可说是极尽雕琢粉饰之能事，不但
用料繁多，而且造型考究，俨然是一件工艺美术品，与今日
之生日蛋糕相比，有过之而无不及。宋代吴自牧《梦粱录》
中说：九月九日，首都汴京的饮食店用糖面蒸糕，上面撒上
猪肉、羊肉、鸭肉等肉丝，插上小彩旗，"名曰重阳糕"，
人们相互馈送。宋代周密的《乾淳岁时记·重九》中介绍的
重阳糕除了撒上各种肉丝、插上彩旗外，还要点缀上石榴籽，
上面还要塑上一只狮子。宋人这种重阳糕上撒肉丝的做法到
明清时期仍然流行着。如明代田汝成《西湖游览志余》卷
二十《熙朝乐事》中：

重九日，人家糜栗粉和糯米伴蜜蒸糕，铺以肉
缕，标以彩旗，问遗亲戚。

由于重阳糕色彩斑斓，所以后世又称为花糕，花糕上插
的小彩旗叫花糕旗。明刘侗、于奕正《帝京景物略》卷二
《春场》：

九月九日……面饼种枣栗其面，星星然，曰花糕。糕肆标纸彩旗，曰花糕旗。

花糕的做法多种多样。清代富察敦崇在《燕京岁时记》中说当时北京流行的花糕有两种。一种是用糖面蒸的，中间夹了各种水果丁，两层三层不等，属于比较高档的重阳糕。另一种只是在蒸糕上点缀上星星点点的红枣或栗子，是比较普通的花糕。其实就全国范围来看，花糕的做法和造型花样繁多。河北遵化地区的重阳糕有九层之多，一层比一层小，像九级宝塔，上面嵌有枣、栗。江苏清河地区的重阳糕上喜欢塑两只羊，湖北荆州地区则喜欢塑上几只鹿，所以他们把重阳糕称为"鹿糕"。这种放置动物面塑的做法自然是从宋代放置狮子的做法沿袭而来的。山西的重阳糕以枣泥、银杏、松子、杏仁等为馅，每铺一层面夹一层馅，做成九层，象征"九重天"；也有的在糕点上做两只小羊，寓"重阳"之意。

重阳糕上为什么要插彩旗呢？

重阳节是个避邪的节日，人们在这天采取的行为大都跟避邪的动机有关，重阳糕装饰成五色是为了避邪。重阳糕上做狮子也是为了借狮子的威名恫吓邪恶，这跟官府及富贵人家门前立上一对石狮子守护门庭的用意是相通的。至于做成羊或鹿的造型，那是后世重阳喜庆观念浓厚之后出现的现象，是纳福祈

〔明〕崇祯本《帝京景物略》书影

祥的民俗心理的物化表现。彩旗原本要插多面各种不同颜色的
小旗。宋代吴自牧《梦粱录》：九月九日，"蜜煎局以五色米
粉塑成狮蛮，以小彩旗簇之"。"簇之"即很多的意思，是为
了形成五色的视觉效果。后世一直有重阳糕上插彩旗的做法，
但一般只插一两面红旗。如江苏《松江府志》：

九月九日蒸重阳糕，标以红纸旗。

145

这是彩旗的本意消磨以后出现的简便做法，在习俗的奉行者眼里，大约只有装饰的意义了。

重阳糕不光自家吃，也在亲友之间互相馈送。元末熊梦祥《析津志》记大都风俗云：

九月九日都中以面为糕，馈遗，作重阳节。

山西有些地方很讲究给新女婿送重阳糕，送者之间还互相攀比，以附送的东西多而豪华为荣，致使有些贫寒人家借款送糕。皇帝也在重阳日给百官赏赐花糕宴。明代孙国敉在《燕都游览志》记载：

重九日敕赐百官花糕宴。

既然是花糕宴，主角自然是花糕，想必有多种花色口味的花糕，否则难以成宴。

街市上有不少卖重阳糕的摊点，卖糕人头上还带着吉祥的字样。由于"糕"与"高"谐音，所以人们还用重阳糕寄托万事俱高的心愿。重阳节大清早，父母把一片重阳糕搭在儿女的额头上，祝福说："愿儿百事俱高。"连说三遍。他们相信这样会给儿女带来好运。

时至今日，随着国力的强盛及人民生活水平的提高，人们再次到传统文化中寻找精神寄托和物质营养，重阳旧俗又在全国各地逐渐恢复。于是，重阳糕在许多地方出现了。如2004年的重阳节，北京八大处公园为前来登高的老年朋友准备了一个直径1米、重达80千克的巨型重阳糕。凡活动期间所购门票尾数为"99"的幸运游客均可在重阳节当日免费品尝这一巨型重阳糕。

江苏常州的不少餐馆也在节日期间推出了形形色色的重阳糕。人们拎上几块色彩斑斓的重阳糕孝敬老人成了当年的节日时尚。

无锡市的穆桂英美食广场以生产"糕、团、饼、馒、粽"五大糕点而闻名，是当地生产重阳糕的大户，琳琅满目的品种令人眼花缭乱。尤其是采用"绿色"天然原料制作的低糖低油的重阳糕，深受众多老年顾客的青睐。

苏州人爱吃甜糯食品，所以对重阳糕情有独钟。据报道，2004年时，离重阳节还有6天，苏州的重阳糕销售已经进入高峰，购买重阳糕的顾客往往排成"长龙"，这在买方市场形成已久的今天是不多见的。黄天源是苏州一家著名的制作糕团的老字号，2004年，它的重阳糕预订量达1.2万盒，日销售量达到1600余盒，销量逐年攀升。

与苏州毗邻的上海，重阳糕的销售同样红火，点心店门口也常排起"长龙"。上海人买重阳糕主要是为了孝敬老人，在这种风气的推动下，跟离退休老人有关的机构成了重阳糕的主要购买者，他们购买后作为节日慰问礼品分发给老人。上海的重阳糕以麻松糕、赤豆糕、薄荷糕、拉糕、蜜糕等品种居多，适合老人口味。

但近年来，上海的重阳糕销售有些冷淡，原因是遇到了来自管理部门的禁令。有报道说上海以前每到重阳，满街都是"小彩旗"，很是惹眼，让人一见就想买。这几年小彩旗不见了，因为有关部门禁止出售散装糕，小彩旗没法插了。没有了小彩旗的"提醒"，重阳节的气氛好像变淡了，商家对重阳糕也缺乏促销的热情。

重阳节期间，南京的餐饮店纷纷推出重阳糕以满足节日需求。南京市民自己做重阳糕的不多，基本上都是到餐饮店购买或订做。由于从店里买回来都是冷的，吃起来有些硬，所以吃之前要放入蒸锅蒸一下，这样就松软可口了。南京一些商家在重阳这天还开展购物赠重阳糕的活动。

福州人把重阳糕叫九重粿。有一年重阳节前夕，福州西营里的一家餐馆请 70 岁的老师傅赵桂英做了一些九重粿供人们品尝。民间认为"九"为阳，"九九"为重阳，"阳"太高对老人不利；同时福州方言中"九"的发音与"垢"同音，因此吃九重粿在民间就有洗脱身上污浊的寓意。

九重粿共有九层，呈青、橙、白三色。颜色是用青瓜汁、胡萝卜汁调出来的。粿的上面插着小彩旗，人们认为有"旗开得胜"的寓意。

九重粿的做法比较烦杂，光是碾浆的米就要浸泡近3个小时，蒸的时候要一层一层地蒸，一层蒸熟了，再蒸第二层，每层都要蒸七八分钟，一笼九重粿要蒸3个小时。赵桂英老师傅回忆说，儿时的九重粿是用早稻谷草烧成灰后煮出来的水中和酸碱的，带着稻草的香气，特别好吃。

九重粿的吃法也很特殊。孩子们吃粿是一层层剥着吃，一层给爷爷，一层给奶奶，再剥给爸爸妈妈等，全家分享，老少同乐。

福州地区已有50多年没人制作九重粿了，这家餐厅重新推出九重粿，在当地引起不小的反响。

重阳糕有祝人长寿及"步步高升"的吉祥意蕴，除了作为重阳节的节令食品外，其实也可以作为国人过生日的食品。然而当重阳糕销声匿迹的时候，西方生日习俗中的奶油蛋糕乘虚而入，几乎占据了绝大多数国人的生日聚会。

笔者建议过生日的朋友们不妨试一试我国传统的重阳糕，它既营养丰富，又有文化底蕴，比舶来的生日蛋糕要有意义得多。同时我们也希望媒体对重阳糕多作宣传，使它成为商家热心生产、百姓乐意食用的中华美食。

重阳糕种类繁多，各地做法各具特色，大致可分为米粉制品和小麦粉制品两大系列。江南地区多以米粉制品为主，北方地区以小麦粉制品为主。为了满足家庭自制重阳糕的愿望，下面介绍几种制作重阳糕的方法给大家，有兴趣的不妨做着试试，为重阳节增添更多的色彩。[1]

五色重阳糕

主料：相粉（3成糯米粉，7成粳米粉）2000克。

辅料：黑麻沙200克，白砂糖800克，糯米粉250克。

调味料及腌料：麦青汁（绿色），莲子汁（白色），松花粉（黄色），玫瑰浆（红色），可可粉（咖啡色）五种芳香植物原料分别加入相粉制成色浆。

制作步骤：

1.将相粉在蒸笼格上铺一层，上面均匀夹上黑麻沙，然后再在上面均匀铺上相粉，刮平淋上色浆（通常是一笼一色）。

---

1 《中国食品报》2004年10月22日第B04版有汪国钧《九九重阳糕飘香》一文，对各种不同的重阳糕的做法有介绍，不妨参看。

2. 撒上白砂糖、瓜子肉、黑白芝麻，上蒸笼蒸15—20分钟。

3. 揭盖后，切成菱形块状，装盒时插上象征吉祥的小旗即可。

特点：色泽鲜艳，吃口松软，甜度适中，清香沁肺。

重阳花糕

主料：上白面粉1000克。

配料：红、绿丝各50克，糯米酒汁200克。

调料：洗沙300克，白糖500克，熟猪油200克。

制作步骤：

1. 面粉入盆，加温水，兑入甜酒汁，抄匀拌和，使其发酵，至出现蜂窝状时，加白糖（200克），用筷子搅匀。

2. 洗沙用热水搅稀。白糖（300克）用热水化开。红绿丝切成粒。

3. 在蒸笼底部抹油，将1/3的面糊摊开笼底，刷上一层糖水、洗沙泥；再将1/3的面糊摊上，再刷一层糖水、洗沙泥；再将剩余的面摊上。加盖上火蒸熟后，面上刷上糖水，撒上红绿丝，稍晾凉切成棱形块即成 。

特点：松软蜜甜，层次鲜明，色泽富丽。

茱萸

重阳节又称茱萸节，茱萸与重阳节的关系之深可想而知。茱萸品种繁多。古人有吴茱萸、食茱萸及山茱萸之分。现代植物分类学上吴茱萸和食茱萸都属于双子叶植物纲蔷薇亚纲芸香科的吴茱萸属，该属在我国约有20个品种；山茱萸则属于蔷薇亚纲山茱萸科山茱萸属，该属在我国有两个品种。茱萸有的是乔木，有的是灌木。由于茱萸有多方面的价值，古代种植很广。有植于庭院者。西晋孙楚《茱萸赋》：

> 有茱萸之嘉木，植茅茨之前庭。

北魏贾思勰《齐民要术》：

> 舍东种白杨、茱萸三根，增年益寿，除患害也。

有植于园圃者。西晋左思《蜀都赋》：

> 其圃则有蒟蒻茱萸，瓜畴芋区，甘蔗辛姜。

还有种在城墙、堤坝、坟冢及其他高燥之处的。因此，重阳之日古人可以随处采摘到茱萸。

茱萸的用途很多。其籽实辛辣芳香，很早就用作调味品。《礼记·内则》：

三牲用藙（yì）。

藙就是食茱萸，也叫煎茱萸，也叫榝（shā）。"三牲用藙"是说烹调牛羊猪三牲的时候用茱萸。东汉张衡在《南都赋》中写道：

苏藙（榝）紫姜，拂彻（撤）膻腥。

这是说用"苏"（紫苏）"藙""紫姜"这些调料除去膻腥之味。西晋周处的《风土记》中有"三香椒榝姜"的说法，榝（dǎng）也是食茱萸，名列"三香"，可知当时人们心目中茱萸在调味品中占有重要的地位。《南齐书·祥瑞志》中记载说，始兴郡（今广东省连江、曲江、韶关一带）本来没有食茱萸树，烹调有缺陷。齐武帝萧赜在始兴郡居住的时候，堂屋后面忽然长出了一株茱萸树，被视为祥瑞，载入史册。

唐代李颀《九月九日刘十八东堂集》诗云：

风俗尚九日，此情安可忘。

菊花辟恶酒，汤饼茱萸香。

"汤饼"即汤面。"汤饼茱萸香"是说汤面中因放了茱萸调味品而香美。这些记载都说明了茱萸在古人的调味品系统中占有重要的地位。

将茱萸籽实装于囊中作为佩饰的习俗大约早在先秦就有了。《离骚》中说：

椒专佞以慢慆兮，樧又欲充夫佩帏。

椒即花椒，与樧皆属芸香科，性质相似。屈原用椒樧比喻面目姣好的佞臣。说樧欲充佩帏，似乎表明当时就有用茱萸充囊的习俗。

重阳节兴起后茱萸囊风行天下，《西京杂记》《续齐谐记》等材料中都有佩戴茱萸囊的说法。其他如唐代郭元振《子夜四时歌·秋歌二》：

辟恶茱萸囊，延年菊花酒。

唐代张说《九日进茱萸山诗五绝》：

菊酒携山客，茱囊系牧童。

宋代黄升《南柯子·丙申重九》：

兰佩秋风冷，茱囊晓露新。

明代刘泰《次韵九日登吴山》：

良辰载酒不虚行，天拔胥山入凤城。
簪菊莫嫌乌帽重，佩萸还喜绛囊轻。

四川《巴县志》：

九日为重阳节，佩绛囊，簪菊登高，饮茱萸酒。

都是重阳节佩戴茱萸囊的写照。茱萸囊一般挂在胸前，但也有挂在手臂上的。山东《栖霞县志》：

九月九日作绛囊，盛茱萸以系臂，登高，饮菊花酒。

另外，茱萸囊除了在重阳节的时候佩戴外，其他时节也有佩戴的。如明代沈愚《莫愁曲》诗云：

> 光风转蕙吹幽香，游丝薄雾春茫茫。
>
> 百壶绿酒劝郎饮，多情谁似卢家娘。
>
> 明珠杂佩声玎珰，鸾裾凤带茱萸囊。

这是写一个歌女身佩茱萸囊，时间却是春季。这说明茱萸囊不是重阳节的专用品，但重阳节时佩戴集中而普遍。

将茱萸枝或茱萸花插戴于头也是重阳节常见的风俗。《风土记》中对此已有记载。大家耳熟能详的自然是王维的《九月九日忆山东兄弟》：

> 独在异乡为异客，每逢佳节倍思亲。
>
> 遥知兄弟登高处，遍插茱萸少一人。

这说的是插茱萸枝。说"遍插"，可知无人不插。元代钟嗣成《南吕·骂玉郎过感皇恩采茶歌·四时佳兴·秋》：

> 重阳近也，佳节堪酬。菊初簪，黄旋插，酒新筹。

这也当是插茱萸枝，因为重阳之日茱萸未必有花，而枝叶随处可得，所以一般插的都是茱萸枝。戴茱萸花的也偶见记述，如唐代赵彦伯《奉和九日幸临渭亭登高应制得花字》诗：

> 簪挂丹黄蕊，杯浮紫菊花。

那些头插茱萸的女子被称作"茱萸女"。唐代万楚《茱萸女》诗：

> 山阴柳家女，九日采茱萸。
> 复得东邻伴，双为陌上姝。
> 插枝著高髻，结子置长裾。

唐代张谔《九日宴》诗：

> 归来得问茱萸女，今日登高醉几人？

孟浩然《九日》诗：

> 茱萸正可佩，折取寄情亲。

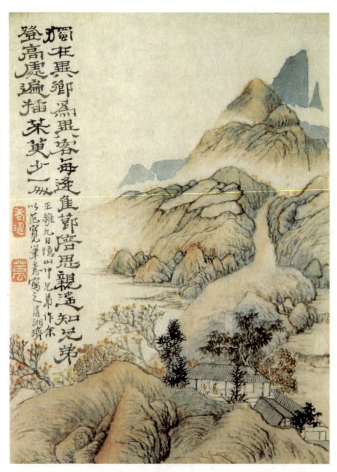

〔清〕石涛 《〈九月九日忆山东兄弟〉诗意图》

皇帝也有给大臣赏赐茱萸的做法。杜甫《九日》诗：

北阙心长恋，西江首独回。

茱萸赐朝士，难得一枝来。

杜甫当时身处乡野，皇帝赐的茱萸自然到不了他头上。直到清末，插茱萸的风俗仍然存在。山西《寿阳县志》：

九日饮菊酒，佩茱萸，登高，以为避火灾。

近代著名女革命家秋瑾也有《九日感赋》：

思亲堂上茱初插，忆妹窗前句乍裁。

对菊难逢元亮酒，登楼愧乏仲宣才。

茱萸枝也可以拿在手上把玩，同样可以起到避邪的功效。杜甫《九日蓝田崔氏庄》诗中所说的"醉把茱萸子细看"描写的就是这一习俗。

古人还常用茱萸的籽实泡酒，用来驱邪保健。南朝宋代刘敬叔的《异苑》中有这样一则神怪故事：

说晋代新野（河南新野）人庚绍之跟南阳的宋协关系亲密，庚绍之在任湘东太守时病亡。然而有一年已经亡故的庚绍之却忽然来拜访宋协，来的时候两只脚上还带着脚械。到宋协家后，脱了脚械就座。宋协问道："今天怎么突然光顾寒舍？"庚绍之回答说："请假回家，因跟你关系要好，所以前来拜访。"宋协向他问一些鬼神之事，庚绍之总是支支吾吾，不愿回答。于是两人聊亲朋好友，侃世事变迁，谈得很是投机。高兴之时，庚绍之向宋协要酒喝。宋协当时有茱萸酒，便让下人斟了上来。然而庚绍之拿起酒杯后又放下了，说是酒里有茱萸气。宋协说："你害怕茱萸吗？"庚绍之说："我那些顶头上司们都害怕，何况是我呢？"

可见，在民俗观念中，人们认为鬼神很害怕茱萸，这正是重阳节大家要喝茱萸酒的原因所在。唐代孙思邈在《齐民月令》中说：

> 重阳之日必以糕酒登高眺迥，为时序之游赏，以畅秋志。酒必采茱萸、甘菊以泛之，既醉而还。

山东《范县志》：

> 九月九日赏菊花，饮茱萸酒，送新嫁女衣妆。

这都反映了重阳节流行饮用茱萸酒。

有些地方重阳节之时还把茱萸酒洒在门户上用来避邪。

茱萸还有一些其他的用法。有的将茱萸子悬挂于屋内，用来避邪。《齐民要术》：

> 悬茱萸子于屋内，鬼畏不入也。

有的用于治病。孙楚《茱萸赋》：

> 应神农之本草，疗生民之疹疾。

《齐民要术》中还鼓励大家在井边种上茱萸，认为这样茱萸的树叶会落入井中，人喝了浸泡过茱萸叶的水就不会生瘟病。古人相信病是鬼神作祟所致，故避邪与治病是相通的。中医认为，茱萸具有温中、理气、止痛、燥湿之功效，主治呕逆吞酸、厥阴头痛、脏寒吐泻、脘腹胀痛、脚气、疝气、口疮溃疡、齿痛、湿疹等。现代药理研究表明，茱萸有驱蛔虫的作用，能抑制多种皮肤真菌，能兴奋中枢神经，增强肾上腺皮质功能等。现代临床上用于治疗高血压、消化不良、神经性皮炎、黄水疮、口腔溃疡等，疗效显著。

总而言之，茱萸最主要的功用是避邪祛病，这进一步印证了我们前面做出的重阳节源于避邪的结论。而人们之所以认为茱萸能够避邪，大约跟茱萸辛辣的味道有关。

如今随着重阳节的日渐兴盛，沉寂多年的佩戴茱萸的习俗也正在恢复。2004 年，北京八大处公园举办的第十七届重阳游山会上，游客在门区可以观赏到从南方引进的茱萸树，在各寺庙内可以买到精美的茱萸囊和小巧的茱萸饰品，以满足人们为自己和家人消灾祈福保平安的心愿。

据《天府早报》报道，在成都市，重阳节期间也有佩戴茱萸囊的，一些少女还把茱萸囊挂在手机上。

广东佛山市的西樵山是国家级风景名胜区，近几年每年重阳节来此登临的游客超过十万人，许多游客还在山上过夜。近二十年来，旅游部门让每一位参团的游客身佩茱萸囊登高。他们准备的茱萸囊为深红色，比巴掌还小，两边有一根黄丝线，可以挂在脖子上。茱萸囊里面装着红色的山茱萸果实，飘着淡淡的香味。

菊花

　　我国是菊花的原产地，先秦文献中对菊花已有记载。《礼记·月令》中记载："季秋之月……鞠有黄华。""鞠"是菊的早期写法。菊花写进《月令》，表明古人很早就把菊花当作季秋九月的物候。屈原在《九歌·礼魂》中也提到菊花：

　　　　春兰兮秋菊，长无绝兮终古。

东汉王逸注：

　　　　言春祠以兰，秋祠以菊，为芬芳长相继承，无绝于终古之道也。

　　这是将菊花作为献给故人的祭品。中国人自古以来喜爱菊花，把它和兰、梅、竹一起称为"花中四君子"。今天有不少城市把菊花选定为市花，如北京、开封、太原、南通、芜湖、湘潭、中山、德州等，由此也可以看出喜爱菊花的人数之多。

　　菊花与重阳节的关系可以用水乳交融来形容。东汉崔寔在《四民月令》中提到"九月九日可采菊花"，表明重阳节最初兴起的时候菊花就已经作为节令物品而存在了。曹丕在重阳节给钟繇送去一束菊花，南朝梁王筠有《摘园菊赠谢仆射举》诗，说明当时社会上有互送菊花的礼节。从古至今，菊花始终是重阳节不可或缺的角色。因此，重阳节也叫菊花节，菊花也叫九花，重阳糕也叫菊花糕。河北《真定县志》：

> 重阳以面枣蒸糕，谓之菊花糕。

真有一点无菊不成重阳的意味。下面我们具体谈谈重阳节期间跟菊花有关的民俗事象。

赏菊

赏菊之风是魏晋时期流行起来的。三国时期魏国的钟会在《菊花赋》中说：

> 百卉凋瘁，芳菊始荣。纷葩晔晔，或黄或青。乃有毛嫱西施，荆姬秦嬴，妍姿妖艳，一顾倾城，擢纤纤之素手，宣皓腕而露形。仰抚云髻，俯美芳荣。

这是说菊花盛开的时节，美女们纷纷外出观赏菊花。当时菊花在全国各地普遍都有种植。西晋傅玄《菊赋》中写当时菊花的栽培盛况时，说"布濩河洛，纵横齐秦"，意思是说菊花种植遍布黄河、洛河流域及齐、秦等地。

陶渊明的外祖父孟嘉为重阳节留下了登高落帽的佳话，陶渊明虽然没有留下重阳登高的故事，但他菊丛醉酒的韵事也令后人神往不已。陶渊明嗜酒如命，无日不饮。据南朝宋檀道鸾的《续晋阳秋》及梁代萧统的《陶渊明传》等文献记载：

> 陶渊明的朋友颜延之看到他家箪瓢屡空，生活拮据，给他送了两万文钱。陶渊明担心家人将其用于别的开销，便把两万文钱全都存放在一家酒店，天天买酒喝了。有一年重阳节，陶渊明无酒可喝。在这正是大家欢聚饮酒的日子里，嗜酒的陶渊明偏偏无酒可喝，也没有人邀请他喝，心情的悲凉是可想而知的。无可奈何的他只好到庭院东篱的菊花丛中坐赏菊花，采菊盈手。正在这时，一个白衣人来到他家，原来是江州刺史王弘派人送酒来了。陶渊明当即开盖痛饮，大醉而回。

这一故事对重阳赏菊风气的流行起了很大的推动作用，菊花也因此而有了"陶菊""彭泽菊"的雅称，"东篱"成了菊圃的代称。由于有陶渊明高洁人格的映衬，菊花获得了更大的声誉。宋人沈唯斋说"不因彭泽休官去，未必黄花得许香"，潇湘妃子林黛玉在《咏菊》诗中说"一从陶令平章后，千古高风说到今"，意思是说如果没有陶渊明的话，菊花的声誉未必有今天这么高。

《聊斋志异》中有一篇叫《黄英》的小说，说顺天（北京）马子才酷爱菊花，闻有佳种，必不惮千里，购致篱下。有一次到金陵（南京）买菊苗，回家路上遇到精通菊艺的美女陶黄英和她的弟弟。姐弟两个是金陵人，准备卜居北方，马氏便邀请去他家做芳邻。陶氏姐弟到马家后，见马家清贫，便精心艺菊，对外出售，很快发家致富。后马氏妻子病故，黄英便嫁于马氏，两人过着恬淡而恩爱的生活。陶弟嗜酒，有一次因喝过了头而化为菊花，马氏这才明白陶弟是菊精。姐姐便把这陶弟化的菊花栽入盆中，"九月既开，短干粉朵，嗅之有酒香，名之'醉陶'，浇以酒则茂"。

这一故事里，姐姐名叫黄英，英是花的意思，黄英就是菊花，而又姓陶，弟弟又酷爱喝酒，又被说成是菊精，显然有陶渊明的影子。南宋杨万里的《赏菊》诗中已有"渊明元是菊花

〔明〕杜堇《陶渊明赏菊图（局部）》

精"的诗句。估计民间流传着有关陶渊明与菊花的神奇故事，蒲松龄据以加工成篇。这篇小说也是陶渊明与菊花密切相关的一个例证。

陶渊明菊丛醉酒的韵事也是后人重阳诗文中使用率极高的典故。例如唐代杜审言《重九日宴江阴》诗：

> 蟋蟀归期晚，茱萸节候新。
>
> 降霜青女月，送酒白衣人。

杜甫《九日登梓州城》诗：

> 且酌东篱菊，聊祛南国愁。

最为著名的当数宋代李清照的《醉花阴》词：

> 薄雾浓云愁永昼，瑞脑消金兽。佳节又重阳，玉枕纱厨，半夜凉初透。
>
> 东篱把酒黄昏后，有暗香盈袖。莫道不消魂，帘卷西风，人比黄花瘦。

这首词写李清照重阳时的行事和心绪，其中"东篱把酒"

典出《续晋阳秋》："陶潜九月九日无酒，宅边东篱下菊丛中摘盈把，坐其侧，未几，望见白衣人至，乃王弘送酒也。即便就（酌），醉而后归。"这里有重阳，有东篱，有黄花，有饮酒，还有孤凄的陶令，与李词非常契合。不过这首词为人称道并不是用了这一典故，而是有最后的"莫道不消魂，帘卷西风，人比黄花瘦"三句。黄花就是菊花。菊花一般花瓣细瘦，花朵娇小。"人比黄花瘦"使一个体态瘦弱、神情憔悴的少妇跃然纸上，新颖别致，生动传神，成为千古传诵的佳句。

关于这首词还流传着一个故事。

李清照的丈夫叫赵明诚，在外地做官。李清照把描写自己孤独忧伤心情的《醉花阴》词寄给赵明诚，赵明诚叹赏不已，自愧不如。但他又不甘认输，想写出一首词盖过妻子。于是谢绝所有客人，废寝忘食地写了三天三夜，共写了五十首。他把李清照的《醉花阴》混杂在自己的作品中给友人陆德夫看。陆德夫玩味再三，说："只有三句绝佳。"赵明诚问是哪三句，陆德夫回答说："莫道不消魂，帘卷西风，人比黄花瘦"。

唐代的时候，重阳赏菊的风气依然很流行。初唐王勃《九日》诗云：

九日重阳节，门门有菊花。

不知来送酒，若个是陶家。

意思是说重阳之时家家都菊花盛开，如果王弘派人来送酒的话，恐怕分辨不清哪个是陶渊明的家了。诗人用风趣的口吻说明了当时重阳赏菊之盛。不少唐代诗人也都提到了重阳赏菊的习俗。如邵大震《九日登玄武山旅眺》诗：

九月九日望遥空，秋水秋天生夕风。

寒雁一向南去远，游人几度菊花丛。

李迥秀《奉和九月九日登慈恩寺浮图应制》诗：

言从祗树赏，行玩菊丛秋。

从中不难想见重阳之时菊花丛中游人熙来攘往的热闹情景。孟浩然《过故人庄》中所说的"待到重阳日，还来就菊花"，也是指重阳之时来朋友家里赏菊。

宋代赏菊更是蔚然成风，从宫廷至庶民，概莫能外。吴自牧的《梦粱录》卷五《九月·重九》中说："年例，禁中与贵家皆此日赏菊，士庶之家亦市一二株玩赏。""年例"二字表明重九赏菊是每年都有的习惯。当时菊不仅植于园圃，栽于盆钵，还用来装饰房屋，正如宋人孟元老在《东京梦华录》卷八《重阳》中所描述的：

> 九月重阳，都下赏菊……无处无之。酒家皆以菊花缚成洞户。

南宋杨万里的《经和宁门外卖花市见菊》诗中对时人爱菊的盛况也有生动的描述：

> 清晓肩舆过花市，陶家全圃移在此。
> 千株万株都不看，一枝两枝谁复贵？
> 平地拔起金浮屠，瑞光千尺照碧虚。
> 乃是结成菊花塔，蜜蜂作僧僧作蝶。
> 菊花障子更玲珑，生采翡翠铺屏风，
> 金钱装面密如积，金钿满地无人拾。

花市上到处都是菊花，除了盆栽的以外，还有用菊花扎结的高大的佛塔和菊花屏障，屏障上面还缀满了铜钱。范成大《菊楼》诗的序中说，金陵（南京）有一种菊花长得非常高大，园丁用这种菊扎成楼塔，高达一两丈，十分壮观。宋代宫廷每年

〔南宋〕朱绍宗《菊丛飞蝶图》

重阳节都要大摆宴席，叫"重九排当"。举行宴会的大厅内摆上数万盆菊花，犹如置身于菊花的海洋。晚上还要点上菊灯，供人观赏，跟元宵灯节差不多，令人赏心悦目。

有一个成语叫"明日黄花"，跟宋人重阳赏菊的习俗有关。苏轼有一首《九日次韵王巩》的重阳诗，诗中说：

相逢不用忙归去，明日黄花蝶也愁。

意思是说重阳欢聚不用忙着回家，应尽情观赏菊花，要不过了重阳，菊花备受冷落，连蝴蝶也会为冷落的菊花发愁。苏轼还有一首重阳节写的词，叫《南乡子·重九涵辉楼呈徐君猷》，下阕云：

佳节若为酬，但把清尊断送秋。万事到头都是梦，休休，明日黄花蝶也愁。

意思也是说庆佳节应畅饮为欢，一切都是空的，到明日，宴尽人散，黄花孤寂，蝶也犯愁。由于苏轼的诗词中"明日黄花"有过时而无人欣赏的含义，所以后来人们就用"明日黄花"比喻时过境迁或过时的事物。

唐末诗人郑谷有一首题为《十日菊》的绝句：

节去蜂愁蝶不知，晓庭还绕折残枝。
自缘今日人心别，未必秋香一夜衰。

"十日菊"正是"明日黄花"，但郑谷对"明日黄花"的看法与苏轼不同。在他眼里十日菊的秋香并没有一夜之间就衰减了，菊花丛中飞来飞去的蜂蝶也是不知愁的，认为"明日黄花"过时而不去欣赏那只是"今日人心"的从众惯性在起作用。

所谓"折残枝"是指过重阳时采摘后剩下的菊花，并不是说菊花萎谢了。

元人赏菊的情况在元曲中有所反映。元代薛昂夫《正宫·甘草子》：

> 万柳稀，重阳暇，看红叶，赏黄花。促织儿啾啾
> 添潇洒，陶渊明欢乐煞。

不过由于大都怀才不遇，元代士人中以闲适安逸的心情去赏菊的人并不多。

明代每逢重阳，人们喜欢呼朋引类，共赏菊花。明代李时勉在《九日赏菊诗序》中说他在庭院里种了一些菊花，每到重九，繁英欲吐，秀色可爱，他邀请一些朋友来他家观赏。大家传杯送盏，赋诗抒怀，其乐融融。这是京城士人的赏菊情况。明代著名文学家张岱在《陶庵梦忆》卷六《菊海》中记述了山东兖州地区的赏菊之风：说兖州张氏邀请他赏菊，他到张氏的园圃一看，一大片空地上种满了各种各样的菊花，张岱惊叹道："真菊海也！"作者进一步介绍说：

> 兖州缙绅家风气袭王府，赏菊之日，其桌、其
> 炕、其灯、其炉、其盘、其盒、其盆盎、其肴器、其

杯盘大觚、其壶、其帏、其褥、其酒、其面食、其衣
服花样，无不菊者。夜烧烛照之，蒸蒸烘染，较日色
更浮出数层。席散，撤苇帘以受繁露。

一家一户而聚菊成海，堪与今之公园媲美。缙绅之家处处
都要点缀上菊花，夜晚还要在菊花间点上蜡烛，渲染出一种别
样的观赏气氛。有钱人家在赏菊的同时还招来艺人以歌舞助兴。
《金瓶梅词话》第十三回中就有这样的情节：

光阴迅速，又早九月重阳节令。花子虚假着节
下，叫了两个妓者，具束请西门庆过来赏菊。

清代对菊花的崇尚比前代有过之而无不及。清人富察敦崇
《燕京岁时记》记北京风俗云：

九花者，菊花也。每届重阳，富贵之家以九花数
百盆，架庋广厦中，前轩后轻，望之若山，曰九花山
子。四面堆积者曰九花塔。

清潘荣陛《帝京岁时纪胜·赏菊》也有类似的记载：

秋日家家胜栽黄菊，采自丰台，品类极多。惟黄金带、白玉团、旧朝衣、老僧衲为最雅。酒垆茶设，亦多栽黄菊，于街巷贴市招曰：某馆肆新堆菊花山可观。

这是北京的情况。其他各地也是一样。如山西曲沃地区，重九日家家都要有几盆菊花观赏（《曲沃县志》）。苏州地区的花农将栽培的各色菊花担到城里叫卖，市民们一买至少是五盆或七盆，叫"一抬"。商户及有钱人家在广庭大厦前堆叠成百上千盆菊花，号称菊花山，其中尤以酒店茶肆为盛。酒店茶肆的做法跟宋代的"酒家皆以菊花缚成洞户"的做法一脉相承，是商家迎合百姓爱好、招揽生意的手段。

清代徐珂编《清稗类钞·外交类》收集了一则慈禧太后重阳节的时候向外国公使参赞的夫人们赠送菊花的逸事：

光绪某年九月九日，慈禧太后向各国大使参赞夫人颁赐菊花，邀请的客人有法国大使慕文琦之夫人、苏馨之夫人、安刺伯之夫人、英国大使梅尔思之夫人、景某之夫人、焘纳理之夫人、俄国大使璞科第之夫人、特太太、日本大使新国之夫人、小池张造之夫人、牧田之夫人等。有的送四盆，有的送两盆，都用上等瓷盆栽植。请客人来了，不可能送上几盆菊花了事，还

〔清〕姚文瀚《摹宋人文会图（局部）》

得设宴款待，临别还送上了重阳糕及时鲜水果。

慈禧为了媚外，预先准备了几句外语。然而那些公使夫人们并没有把这位太后放在眼里，有的干脆不来，来了的接受赠送后只有个别人"设词逊谢"，甚至连从座位上起身跟太后握一下手这样最起码的礼节，也被说成是"特离宝座"。

这可真是：弱国无外交。

民国时期赏菊如故。北京《房山县志》：

> 九日士民蒸糕。多于是日登高会饮，赏菊。

《天津志略》：

> 是月菊花盛开，巨室必陈花作山形，或缀成吉祥
> 字样，招邀戚友，把酒赏菊，以不负此佳景。

今天，重阳节前后几乎全国各地的大公园都要举办大型菊展。展会上用菊花塑造出各种各样的造型，惟妙惟肖，令人流连忘返。

成都人民公园举办的菊花展览历史悠久，闻名全国。据史料记载，现代史上成都最早有规模的菊花展为1925年成都市通俗教育馆博物馆举办的菊花会，后因抗战等原因停办。1953年，更名后的成都人民公园正式举办了第一届成都菊花展览。20世纪50年代至60年代初，菊花展览比较强调品种的遴选展示，1962年编成的《菊花目录》一书中共列出990个品种名称及特点。后来，菊展一度中断。1978年又恢复了菊花展览，此后每年一届，未曾中断。从1978年的十七届到1982年

的二十一届菊展，每次展出的品种均在500—600个，8000余盆（株），观众有30余万人次。从1983年第二十二届菊展起，除人民公园本身展出的菊花外，还邀请各公园、苗圃及机关、学校、工厂等单位参加，更名为"菊花会"，并成立了与之相应的"组织委员会"和"评比委员会"，进行组织筹备、评奖颁奖活动，观众均达40余万人次。1985年第二十四届菊花会时，参加单位增加到20个，展出品种1200个，2万余盆（株），观众达50多万人次。

随着城市园林事业的发展和人民文化生活的丰富，现在的菊花会内容丰富多样，在花卉品种和展出规模不断扩大的同时，花卉布展的科技含量、工艺水平、观赏趣味也在不断增强和完善，其中包括花卉科普知识介绍、诗画图片咏菊、切花插花艺术和名贵精品展示及配套的大众风味特产小吃、食品等项目，能够更好地为菊花会服务，满足游人观赏的需要，成为锦城金秋时节的旅游热点。

不过要说规模宏大，还得数开封的菊展。开封市把菊花定为他们的市花，每年的10月28日至11月28日是他们的菊花花会会期。从1983年举办第一届菊花花会开始，至今连续不断。2000年开封菊展晋升为省级节会。2013年又升级为国家级花会，更名为"中国开封菊花文化节"，由国家住建部和河南省人民政府主办。开封菊展的特点是全市总动员，市民齐参与。

开封百姓喜欢养菊、赏菊，每年重阳时节，赏菊游园成为全市百姓必不可缺少的休闲活动。菊展除了主会场外，还有10多个分会场，各休闲广场、大街两旁也都摆上菊花。展会期间无处不逢菊花笑，开封市被装点成了"菊花市"。菊花花会吸引了成千上万的海内外游客前来参观旅游，洽谈经贸，提高了开封在海内外的知名度，推动了当地经济、文化、旅游业的发展。

开封栽培的菊花品种有1200多个，颜色万紫千红，造型千姿百态。他们培育的独本菊秆粗叶肥，花大尺余；7头菊、9头菊刀切般整齐；大立菊一株开出4000余朵菊花，塔菊7米之高，堪称"菊花大树"。在参加中国菊花展览中连续五届获得奖牌总数第一、金牌总数第一，荣获"开封菊花甲天下"的称号。

广东中山小榄镇的菊展也是久负盛名。小榄镇早在南宋时期就遍地种植菊花。清乾隆元年（1736），小榄乡举行"菊试"活动，设立花场，摆设盆菊园艺，经过三场考核，选出佼佼者。乾隆五年(1740)举行的第二次菊试改名为菊社，从此以后每年举行一次菊社。每到花期，种菊人将艺菊移到菊社观摩品评，饮酒赋诗，交流艺菊心得。到乾隆四十七年（1782），菊社又演变为十年一度的"黄华会"。嘉庆甲戌年（1814），"黄华会"的长辈为纪念先人从南雄珠玑巷南迁落籍小榄，举行了大规模的菊花大会，并商定每逢甲戌年举行一次菊花大会（相隔

60年）。同治甲戌年（1874）、民国时期甲戌年（1934）及新中国甲戌年（1994）先后举办了第二、三、四届菊花大会，其中以1994年的第四届菊花大会规模最盛。这次大会分三个展区、四个展场、五条马路、景点198个，总面积达10平方千米，展出菊花60万盆，品种1500多个。最大的一盆立菊有43圈，5677朵花，被上海大世界吉尼斯确认为世界之最。菊花大会期间，还有粤剧、电影、杂技、曲艺、飘色、舞龙、舞狮等多项文艺表演。

1979年，在各界的倡议下，小榄镇约定今后每年举办一次秋菊欣赏会，每八至十年举办一次中型菊展会。同时，还组织成立了"小榄菊艺学会"。2003年小榄菊艺学会又发展成为"中山市小榄菊花文化促进会"，成为中山市促进推广菊花文化的重要机构。

2004年11月，小榄镇举办的"菊花文化艺术欣赏会"设有江滨公园、龙山公园、人民公园三大展区，面积达20万平方米，展出20多万盆菊花，几十组菊花造型，还有198米长卷菊花图和艺术灯饰景观等，是继1994年举办大型菊花展之后的又一次大规模菊艺展示。展出的两盆单株大立菊，每盆扎花45圈，由6211朵菊花组成，比1994年载入上海大世界吉尼斯纪录的大立菊多了两圈，多出了534朵花，创造了新的世界纪录。

这届展会上，文化部给小榄镇授予了"中国民间艺术（菊花文化）之乡"的称号。2006年5月，小榄菊花会入选我国首批非物质文化遗产名录。小榄菊花盛会已经成为以花为媒，以菊会友，推动经济、文化发展的载体，菊花文化已经成为小榄人精神生活的重要组成部分。小榄人数百年来对菊花文化的不断创新与弘扬终于得到了丰厚的回报。

菊展不能"年年岁岁花相似"，要引人入胜，就得花样翻新。如南京每年重阳举行"斗菊"比赛，任何单位和个人都可参赛。参赛的菊花公开展示，并邀请专家根据花形、花色、品种等进行评选，最终结合市民投票得出名次。设立的奖项有"花王"奖、最佳造型奖、优秀作品奖等。这对提高南京人的艺菊水平有很大的促进作用。上海植物园在2002年举办的菊展上，推出了征集花名的招数，公开向社会征集300余种自育菊花新品种的名字，这一做法吸引了大量市民对菊展的关注。有机会成为一种菊花的命名人也算得上是一桩流芳百世的美事。与此同时，菊展还举办咏菊书画摄影大赛、室内花艺布置交流等活动，让欣赏者有更多主动参与的机会，菊展搞得有声有色。

我国还有全国性的菊花展，叫"中国菊花展"。该展始于1982年，每三年举办一次，已分别在上海、杭州、无锡、成都、合肥、南京等多个城市成功举办。第八届展会是2004年10月23日至11月21日在上海世纪公园举行的，由中国风景园林学会、上海市绿化局、上海市旅游事业管理委员会、上海市浦东新区人民政府共同主办，上海世纪公园管理有限公司承办。这是上海市第三次举办中国菊花展。这届菊花展可谓是上海20年来规模最大的菊花盛会。全国共有43个城市的70余家单位参展，总布展面积9万平方米，展出菊花1000多个品种，另有100多个欧美品种，总数达300万盆，将世纪公园点缀成了一个姹紫嫣红的菊花世界。要想阅尽这人间"美色"，至少得花上两天工夫。

总之，如今的中国，每年重阳节期间，东西南北中，都有菊花展，好多菊展其规模之大、品种之多、造型之美是历史上的赏菊活动不能比拟的，这是古代赏菊传统的延续和光大。

插菊

插戴菊花的做法魏晋时期就已有了。晋代傅统妻的《菊花颂》中有"佩之黄耇"的说法，意思是说佩带菊花就会长寿。佩带菊花的风俗流行很广，无论是官员还是百姓，无论是女性还是男子，也无论是北方还是南方，重阳节这一天人们都头插菊花。古代诗文中对此多有描述。唐代李绰《辇下岁时记》中记载：

九日宫掖间争插菊花，民俗尤甚。

这说的是唐代长安宫廷及民间的情况。其他地区也是一样的。唐代杜牧《九日齐山登高》：

尘世难逢开口笑，菊花须插满头归。

反映宋代重阳插菊风俗的如苏轼《次韵苏伯固主簿重九》诗：

髻重不嫌黄菊满，手香新喜绿橙搓。

宋代方岳《九日与同年沈贯卿饮月墅》：

自摘黄花插满头，谁怜白发不禁秋。

宋代黄庭坚《南乡子》词：

白发又挨红袖醉，戎州，乱摘黄花插满头。

明代刘泰《次韵九日登吴山》：

紫珮观察大人鉴正
程守谦模拓彝器赵之谦补画杞菊延年

良辰载酒不虚行，天拔胥山入凤城。

簪菊莫嫌乌帽重，佩萸还喜绛囊轻。

明代田汝成《西湖游览志余》卷二十《熙朝乐事》：

重九日……其登高饮燕者必簪菊泛萸，犹古人之遗俗也。

从这些资料中可以看出，插菊通常不是只插一枝，而是插满头顶，多多益善，不嫌头沉，大概人们认为越多越长寿吧。由于人们到山野宴饮，因此，所插的菊花大都是山里采摘的野菊，插满头后一直戴到家里，如江苏《太湖县志》记载说：

九月九日或采野菊插满头而归。

直至清末，插菊古风犹存。山西《榆社县志》：

九日簪菊饮酒，婚姻之家馈枣糕。

今天有些乡间仍有重阳节之时采一朵野菊花插在头顶或戴

在胸前的风俗，但已不多见了。前些年流行一首叫《中华民谣》的歌，其中有这样的歌词：

朝花夕拾杯中酒，寂寞的人在风雨之后。醉人的笑容你有没有，大雁飞过菊花插满头。

最后一句分明说的是重阳风俗，但这是对现实习俗的记述还是对历史传统的回忆，就不得而知了。

饮菊

重阳之时菊花还常用来泡酒，这种酒叫菊花酒。喝菊花酒的风俗由来已久。西晋周处的《风土记》有"汉俗九日饮菊花酒，以被除不祥"的说法，这里说的"汉俗"应该是东汉时期的风俗，西汉以前的文献中没见有菊花酒的记载。

重阳酿酒是一个具有悠久历史的风俗，一般是当年采菊酿制，次年重阳节时饮用，耗时较长。《西京杂记》中介绍菊花酒的酿造方法时说：

菊花舒时并采茎叶，杂黍米酿之，密封置室中，至来年九月九日始熟，就饮焉。

后世一直保持着这种传统。四川《洪雅县志》：

> 九日多以野菊酿酒，备来岁之用。

河北《乐亭县志》：

> 九月九日制菊酒。

即使不是菊花酒，人们也讲究要在重阳之日酿造。北魏贾思勰在《齐民要术》中介绍桑落酒的制作方法说：

> 九月九日太阳没出来之前，取九斗水浸泡九斗酒曲。当日蒸九斗米，放入空瓮中，然后把热水倒入其中，水超过米一寸多即可，并加盖于瓮。等瓮中的水被米吸收干了，就把米倒在席子上，摊开晾凉。接下来把酒曲汁舀入瓮中，用耙子搅匀。然后把晾凉的米投入曲液中，放的同时要不断搅拌。米放完后瓮口蒙上两层布，使其充分发酵。这样酿造的酒香气醇美，酒力强劲，倍胜常酒。

这里不光造酒的日子选在九月九日，连造酒的原料也是以九为数，目的都是为了跟九挂钩。民间认为九月九日所酿之酒最为清冽，且久藏不坏，有"重阳蒸酒，香甜可口"的说法。贵州仁怀市茅台镇在每年重阳节开始酿酒，到第二年重阳为一个生产周期。当地流传的民谚说："九月九，下河挑水煮新酒。""重阳下沙，一定抱个金娃。""重阳下沙芳满缸，重阳酿酒香满江。"[1]这种俗信可能跟"九"与"酒"乃至"久"读音相近有关。

如果没有去年酿的菊花酒，那就只好喝简易菊花酒了。简易菊花酒制作很简单，只是在饮酒的时候临时把菊花瓣放进酒里就可以了。陶渊明《饮酒》诗（其七）云：

秋菊有佳色，浥露掇其英。

泛此忘忧物，远我遗世情。

这是说把带着露水的菊花采摘下来泡酒喝，估计是制作简易菊花酒。陶渊明嗜酒如命，常为无酒可喝而发愁，他可是等不及酿上一年的。《饮酒》诗第五首中说：

1　"下沙"就是投料的意思。"粱"跟"凉"谐音，酿酒忌凉，所以把高粱讳称为"沙"，因为高粱米看上去像沙子。

采菊东篱下，悠然见南山。

估计采菊也是为了泡菊花酒。李白《九月九日》诗中有"搴菊泛寒荣"的话，就是摘来菊花放入酒中的意思，显然是简易速成法。无论是酿制一年的菊花酒还是简易速成的菊花酒，饮用之时总有菊花漂浮在酒上，所以诗文中常说"泛"。如唐代岑参《九日使君席奉饯卫中丞赴长水》诗：

为报使君多泛菊，更将弦管醉东篱。

宋代欧阳修《奉答原甫九月八日见过会饮之作》诗：

撷其黄金蕊，泛此白玉卮。

由于重阳节是一个全民造酒且饮酒的日子，所以这一天在有些地方又成了祭祀酒神的日子。如山东的一些酒坊在重阳节祭祀缸神杜康。由于水是酒之母，所以茅台镇在重阳酿酒前要举行祭水活动。这种活动古已有之。有一种说法是，古代祭祀时先要选一台地作为祭台，祭台上放满茅草作为神灵降附之所，"茅台"之名便由此而来。今天的祭水仪式更有声势。在一片金鼓和唢呐声中，挂满红绸的小舟载着童男童女划到赤水河的

〔明〕丁云鹏《漉酒图轴》

河心，童男童女各用陶罐从河心取出清水。船划回岸边，由神女领着走到神坛，童男童女将取来的清水倒入祭坛中。在击鼓九通、鸣金九响之后（象征九九重阳），主祭人和陪祭人向天地鞠躬、敬香、敬酒，然后恭读祭文，读毕，焚化帛书。最后由秧歌队、腰鼓队、威风锣鼓队、唢呐队、舞龙队等载歌载舞，在欢天喜地声中收场。这些风俗说明了重阳与酒的密切关系。

前些年，有一首叫《九月九的酒》的歌曲很流行，歌中唱道：

又是九月九，重阳夜，难聚首，

思乡的人儿，飘流在外头。

又是九月九，愁更愁，情更忧，

回家的打算，始终在心头。

走走走走走啊走，走到九月九。

他乡没有烈酒，没有问候。

走走走走走啊走，走到九月九。

家中才有自由，才有九月九。

亲人和朋友，举起杯，倒满酒，

饮尽这乡愁，醉倒在家门口。

重阳酒意味着亲友的团聚，意味着家乡的温暖，对漂流在外的游子来说，更是思乡的寄托，由此我们也就不难理解这样一首歌为什么能红遍大江南北。今天的重阳节，不少酒家也推出菊花酒吸引顾客，有传统文化的支撑，相信菊花酒会走红的。

古人饮菊花酒，是希望达到"令人不老"的效果，这固然是不切实际的，但菊花酒的确气味清香。

重阳还有喝菊花茶的习俗。唐代和尚皎然是"茶圣"陆羽的好朋友，常跟陆羽一起品茶论道。他有一首《九日与陆处士羽饮茶》诗：

九日山僧院，东篱菊也黄。

俗人多泛酒，谁解助茶香。

意思是说世俗之人多拿菊花泡酒，殊不知菊花泡茶也很芳香。这说明唐代已有喝菊花茶的现象，但还不是很普遍。不过后来就普遍流行开来了。如《天津府志·青云县》（清光绪二十五年刻本）中就有重阳日"饮茱萸酒、菊花茶"的记载。对不喜欢喝酒的人来说，喝菊花茶也是一种随俗应节的方式。菊花茶有清凉败火，明目养眼，降血脂、利气血的功效，是很好的保健饮料。据说慈禧常常头晕眼花，所以天天喝菊花茶来缓解症状。由白菊花和茶焙制而成的菊花茶对体内积存的有害物质有抵抗、排除的作用，尤其宜于每天接触电子污染的办公一族饮用。《神农本草经》认为白菊花茶"主诸风头眩、肿痛、目欲脱、皮肤死肌、恶风湿痹，久服利气，轻身耐劳延年"。菊花茶可以说是老少皆宜的饮品。

菊花茶的采制一般在每年十月菊花茂盛之时，采摘的菊花经过蒸气杀青之后，晒干至含水率70%以下，手捻花瓣即成粉碎时便可备用。制菊花茶以产于浙江桐乡和湖州的杭白菊、德清的德菊、产于安徽黄山之巅的黄山贡菊、亳州的亳菊、滁州的滁菊、产于四川中江的川菊为佳。

泡饮菊花茶时，最好用透明的玻璃杯，每次放上四五粒，用沸水冲泡即可。若是饮用的人多，可在透明的茶壶中放一小把，冲入沸水泡2—3分钟，再把茶水倒入每个人的透明玻璃杯中即可。饮菊花茶时可在茶杯中放入几颗冰糖，这样喝起来味更甘甜。每次喝时，杯中的茶水不要一次喝完，要留下三分之一，再加上新水，泡上片刻，而后再喝。

现代科学已能提取菊花中的有效成分，制成菊花晶、菊花可乐等饮品，让怕麻烦的人饮用起来更加方便。

食菊

古人很早就把菊花当作延年益寿的食物来食用。屈原的《离骚》中已有"夕餐秋菊之落英"的诗句。屈原在《九章·惜诵》

中还说：

> 播江离与滋菊兮，愿春日以为糗芳。

"滋菊"就是种植菊花的意思，"糗"指干粮，这是说种了菊花采摘下来作为春天芳香的干粮。可见战国时期的人们已在食用菊花。

重阳节兴起后，给食菊提供了一个浓郁的社会氛围，食菊之风更加流行。南朝宋盛弘之的《荆州记》中记载，郦县出产一种菊花，"茎短花大，食之甘美，异于余菊"。太尉胡广收集这种菊花的种子，带到首都洛阳种植，于是这种菊花流传开来。说"食之甘美"，可知东汉时有食用菊花的风气。魏晋南北朝时期，提到食用菊花的史料很多。如西晋傅玄《菊赋》：

> 掇以纤手，承以轻巾，揉以玉英，纳以朱唇。服之者长寿，食之者通神。

这是说把菊花采摘下来服食，不但可以长寿，甚至可以通身神。西晋成公绥《菊颂》：

> 芳踰兰蕙，茂过松柏。其茎可玩，其葩可服。味

之不已，松乔等福。

"味之不已"就是长期食用，这样可以跟古代神仙赤松子、王乔一样长寿。陶渊明不光赏菊、饮菊，也喜欢食菊。他在《九日闲居》诗的序中写道：

余闲居，爱重九之名，秋菊盈园，而持醪靡由，空服九华，寄怀于言。

"九华"就是菊花。"持醪靡由，空服九华"是说重阳节他没有酒喝，只能吃点菊花。吃菊的目的诗中说是"菊解制颓龄"，就是能延缓衰老。南朝齐萧子良《九日侍宴》诗云："轻觞时荐，落英可餐。"这里的"落英"指菊花，用的是《离骚》的典故。可以看出，六朝时期的人们对食菊能延年益寿的说法深信不疑，所以食菊的风气很盛。

上面这些资料中都没有具体说菊花怎么个吃法，估计大都只是生吃菊花瓣儿。进一步的发展就是烹调成菜肴食用。不过古人炒菜多用的是菊苗或叶子。《本草经》中说：

其菊有两种者，一种紫茎，气香而味甘美，叶可作羹，为真菊。

宋人史正志的《史氏菊谱》中说菊花"苗可以菜"，而没说"花可以菜"。唐代文学家陆龟蒙很喜欢吃菊叶，他在房前屋后种了枸杞和菊花。从春天菊花长苗的时候就开始采叶烹食，到了夏天，虽然菊花已是"枝叶老硬，气味苦涩"，还是隔三岔五地要吃上一盘。他还专门写了一篇《杞菊赋》记叙其事。苏轼读了陆龟蒙的《杞菊赋》，起初不相信陆龟蒙会吃杞菊茎叶，认为士人怀才不遇，生活困窘，是可能的，但不至于饿得"嚼啮草木"。后来他到胶西（今山东胶县）当太守的时候，常常吃不饱肚子，便到那些废弃的园圃里采摘枸杞和菊花的叶子烹食，这才相信陆龟蒙不是矫情说假话。于是他也仿效陆龟蒙吃杞菊之叶，并写了一篇《后杞菊赋》以记其事。其实，陆龟蒙是喜欢吃菊叶，而不是穷得没吃的才去吃杞菊之叶。后来南宋的张栻也写了一篇《后杞菊赋》，讲述自己享用菊叶的嗜好。他在任江陵知府的时候，常让厨师给他炒杞菊吃。他非常喜欢杞菊之叶的芳馨可口，饭量因之大增，而其他的菜肴几乎不值一顾。张栻庶几可以算得上是陆龟蒙的知音。

元代文学家萨都剌《九日登石头城》诗云：

> 乌台宾主黄华宴，未必龙山是胜游。

这"黄华宴"是泛指重阳宴还是专指以菊花为主的宴席，

古画中的枸杞与菊花 〔元〕钱选《花鸟草虫图（局部）》

不得而知。但菊花入宴是后来常见的现象。菊花气味芬芳，绵软爽口，是入肴佳品。

今天每逢重阳时节，不少地方都会推出菊花宴。吃法很多，可鲜食、干食、生食、熟食，焖、蒸、煮、炒、烧、拌皆宜，还可切丝入馅。入食菊花多用黄、白菊，尤以白菊为佳，杭白菊、黄山贡菊、福山白菊等都是上品。据2005年11月11日的《北京晚报》报道，北京市农业技术推广站推出的菊花宴有菊花火锅、软炸菊花、清炒菊花、菊花饼等，把菊花做成了一道道香甜可口的"大菜"。北京市农业技术推广站介绍说，菊花是具有养生保健作用的高档蔬菜品种，但并不是所有菊花都能入菜，他们推出的菊花是经过长期筛选驯化的。目前，全市食

用菊花的种植面积已达100亩，有7个品种，5种颜色，分布在通州、顺义、房山、大兴等区县，产量可达10万千克，这些菊花一部分特供给宾馆饭店，一部分进入京城各大超市及小汤山特菜专柜。

广东中山市小榄镇不光以菊展闻名，菊花菜也是脍炙人口，以菊入菜是当地的饮食传统。小榄种植的菊花不下百种，其中可食的有20多种。烹制的菊花菜有菊花烩蛇羹、菊花炸鱼球、菊花蒸肉丸、菊花鱼榄、菊花鱼片、菊花鸡、菊花海鲜、菊花焖猪肉、菊花炒牛肉等，每种菜都散发着诱人的菊花清香。其中"菊花烩蛇羹"这道菜已流行全省。

由菊花糖、猪油、糯米、八宝料等精制而成的菊花八宝饭，也是小榄佳肴的招牌菜之一。菊花八宝饭晶莹透明，外面拌撒了一层半鲜半干的糖渍菊花瓣，切开后香气扑鼻，莲子、红枣、冬瓜、榄仁、红豆沙等粒粒珍宝赫然可见，吃起来香甜不腻，软糯滑口。特别是舌尖上的菊花瓣，令人口齿生香，津液潜滋。

古人爱菊的原因

为什么人们这么喜爱菊花呢？这有多方面的原因。

首先，菊花在百花凋零、草木枯黄的秋季盛开，正如南宋刘蒙《刘氏菊谱·谱叙》中所说的：

> 凡花皆以春盛，而实者以秋成，其根柢枝叶无物不然，而菊独以秋花悦茂于风霜摇落之时，此其得时者异也。

宋人史正志《史氏菊谱》中也说：

> 菊性介烈高洁，不与百卉同其盛衰，必待霜降草木黄落而花始开。

严霜寒风竟然对菊花无可奈何，这使古人对菊花顽强的生命力产生浓厚的兴趣，深感菊花神奇不凡。菊字最早写作鞠，后来加草头写成蘜，蘜字简化就成了菊。鞠有生长的意思。《尔雅·释言》：

> 鞠，生也。

菊大约就是因其生长于草木枯黄的季节而得名的，菊一名更生，可为佐证。历代文人墨客对菊花凌寒开放的特性写下了无数赞美的诗文。如三国魏钟会《菊花赋》：

> 何秋菊之奇兮，独华茂乎凝霜。

西晋卢谌《菊花赋》：

> 何斯草之特伟，涉节变而不伤。超松柏之寒茂，越芝英之冬芳。

菊花之伟大，超过了松柏芳芝。杜甫《云安九日》：

> 寒花开已尽，菊蕊独盈枝。

苏轼《赵昌寒菊》：

欲知却老延龄药，百草摧时始起花。

对生命力坚强的动植物产生崇拜是人类普遍都有的心理和行为，如松柏和竹子在寒冬仍然苍翠，梅花在雪天傲然怒放，它们都受到了人们的爱戴。古人认为菊花能延年益寿，主要就是缘于它凌霜开放的特性，正如他们相信松柏也能延年一样。赞美之不足，故食之饮之，佩之把之。

其次，菊花还被人们赋予了坚贞不屈的人文品格，这一方面是由于它敢于凌霜，不畏严寒，正如宋代胡仔《渔隐丛话前集》卷二十七中所说，

鲁直（黄庭坚）诗云："黄花晚节尤可惜，青眼故人殊不来。"与魏公（韩琦）"且看黄花晚节香"，皆于黄花用"晚节"二字，盖草木正摇落之时，惟黄花独秀，故可用此二字。

另一方面是由于大多数菊花枯死枝头，而不飘零堕落，这又是菊花不同于其他花卉的一个特色。对此，古代诗人也多有吟咏。如宋代吴潜《菊花》诗：

堕地良不忍，抱枝宁自枯。

宋朱淑贞《黄花》：

宁可抱香枝头老，不随黄叶舞秋风。

宋郑思肖《寒菊》：

花开不并百花丛，独立疏篱趣未穷。
宁可枝头抱香死，何曾吹落北风中。

人们认为菊花节操清高，能独守幽贞。陆游《陶渊明云三径就荒松菊犹存盖以菊配松也余读而感之因赋此诗》赞美说：

菊花如端人，独立凌冰霜。……高情守幽贞，大节凛介刚。

关于菊花是否会落瓣的问题，宋代文人间曾有一则故事。北宋蔡绦在《西清诗话》中记载：

欧阳修有一天看见王安石的一首诗中有"黄昏

风雨暝园林，残菊飘零满地金"的句子，笑着说：
"百花都凋落，只有菊花枯死枝头，何曾凋落？"便
续了这样两句诗："秋英不比春花落，为报诗人仔细
吟。"王安石听到后说："难道不知道《楚辞》中有
'夕餐秋菊之落英'之句？这是欧阳修不好好学习的
过错。"

菊花确有落瓣的。史正志《史氏菊谱·后序》中说：

　　菊之开也，既黄白深浅之不同，而花有落者，有
不落者。盖花瓣结密者不落，盛开之后浅黄者转白，
而白色者渐转红，枯于枝上。花瓣扶疏者多落，盛开
之后渐觉离披，遇风雨撼之则飘散满地矣。

不少诗人笔下曾描写过菊花落瓣的情景。如唐太宗《赋得
残菊》诗：

　　细叶凋轻翠，圆花飞碎黄。

唐代崔颢《晚菊》诗：

晓来风色清寒甚，满地繁霜更雨金。

宋代苏辙《戏题菊花》诗：

更拟食根花落后，一依本草太伤渠。

李清照《声声慢》词：

满地黄花堆积，憔悴损，如今有谁堪摘？

看来在菊花是否落瓣的问题上欧阳修错了。

黄花还跟处女有关，即人们把处女称为"黄花闺女""黄花女儿"或"黄花姑娘"等。目前见到的最早用例是元代初年的。如元初关汉卿《感天动地窦娥冤》杂剧第一折：

（张驴儿云）这歪剌骨！便是黄花女儿，刚刚扯的一把，也不消这等使性，平空的推了我一交，我肯干罢！就当面赌个誓与你：我今生今世不要他做老婆，我也不算好男子！

为什么把处女跟黄花联系到一起呢？流行的说法是来自南

〔元〕佚名《梅花仕女图》

朝宋武帝的女儿寿阳公主的"梅花妆"。寿阳公主曾在人日（正月初七）卧于含章殿的檐下，梅花瓣落在她的额头上，拂之不去。过了三天，用水洗才洗掉。宫女们看到后觉得很美，竞相效仿，于是就有了"梅花妆"的打扮。后来民间女子也都争着妆点梅花妆。但梅花是有季节性的，于是人们采集其他黄色的花粉制成化妆品，叫作"花黄"或"额黄"。由于梅花妆的粉料是黄色的，而采用这种妆饰的都是没有出阁的女子，所以就把未婚少女称为"黄花闺女"。这种说法其实是经不起推敲的。

首先，既然是梅花妆，为什么不叫"梅花闺女"或"梅花姑娘"？既然额头贴的是"花黄"或"额黄"，又为什么不叫"花黄闺女""额黄闺女"？"花黄"和"黄花"毕竟含义不同，为什么要用"黄花"取代"花黄"？

其次，额头贴"花黄"或"额黄"的并不限于未出嫁的女子。南朝梁代费昶《咏照镜》诗云：

晨辉照杏梁，飞燕起朝妆。

留心散广黛，轻手约花黄。

正钗时念影，拂絮且怜香。

方嫌翠色故，乍道玉无光。

城中皆半额，非妾画眉长。

这写的是一位贵妇人晨起梳妆的情景。明代宋濂《阳翟新朱定甫赋》：

> 暗拭衰红出绮房，无心宫额贴花黄。
>
> 秋裳未结鸳鸯缝，交刀裁破一帘霜。
>
> 昔日翠翘今白葆，可惜韶容镜中老。

容颜已老，仍贴花黄。既然已婚女子也贴花黄，怎么会成为未婚女子的专称呢？

另一种解释是，"黄花闺女"中的黄花指黄花菜。姚灵犀《金瓶小札》："金针菜，一名黄花菜，'针'与'贞'音谐，言其为贞女也。"意思是说黄花菜也叫金针菜，"针"与"贞"谐音，取贞节之义。对这种说法，孙剑艺和范景华二人进行过有力的反驳。他们指出：把"黄花"用于处女至晚在元代初期就有了，但那个时候"针"和"贞"读音不同，所以谐音说是不能成立的。他们认为"黄花"指处女不是由于谐音，而是由于比喻。黄花菜只能采摘欲开未开、含苞待放的花蕾才能食用，所以用来比喻未破身的处女。[1]

---

1 孙剑艺、范景华：《"黄花"揭秘》，中国香港《词库建设通讯》第15期，1998年版。

这一解释有一定道理，但也存在一些疑点。按照这种解释，处女的喻义来自作为"菜"的黄花，而非枝头自然生长的黄花。这个菜最通行的名称是"黄花菜"，如果比喻处女的用法真是来自黄花菜的话，语言中起码应该有"黄花菜闺女""黄花菜姑娘"之类的说法，可惜我们没见过这样的说法。也许你可以说"黄花闺女"是"黄花菜闺女"的省略说法，须知省略的前提是先有不省略的形式存在，否则省略无从说起。

当然，还有一种思路就是先是"黄花菜"省略叫"黄花"，再由"黄花"直接跟"闺女"组合，这样语言中就不一定出现"黄花菜闺女"之类的说法。这种设想的困难是："黄花菜"虽然有些地方在一定的语境下省称"黄花"，但不很通行；更重要的是在元代文献中未见有这种省称存在的证据。所以这一解释也难以成立。

"黄花闺女"中的黄花指菊花，理由有三：

其一是黄花作为菊花的异名尽人皆知，用作喻体易于为大众理解，也容易流行开来，不像黄花菜，它的加工方法大众是不了解的，用作喻体不易为人理解，也就难以通行。

其二是古代普遍认为菊花有贞节的品格，所以又被称为"节花"。《本草经》：

菊花一名节花。

陶渊明《和郭主簿》：

芳菊开林耀，青松冠岩列。

怀此贞秀姿，卓为霜下杰。

用"贞"来赞美菊花。处女是保持有童贞的女子，两者有共同之处，所以用黄花比喻处女。值得注意的是，菊花还有一个名字叫"女花"。欧阳修《希真堂东手植菊花十月始开》：

当春种花唯恐迟，我独种菊君勿诮。

……

种花不种儿女花，老大安能逐年少。

这里的"儿女花"就是女花。诗句的意思是如果不种菊花，年老的时候怎么能希望返老还童呢？"女"在古汉语中可以特指未婚女子。明代林希元《易经存疑》卷十二：

未嫁为女。

菊花称为"女花"就是由于贞节如处女的缘故。还有人把菊花称为"节女"。宋代史铸《黄华传》：

黄华，字季香。世家雍州，隐于山泽间。生男曰

周盈，曰延年，女曰节女。

由此可见，菊花与处女在古人观念中有密切的联系，菊花比喻处女的产生正是以这种文化观念为基础的。语言中之所以选用"黄花"而不用"菊花"，是因为"黄花"具有鲜艳的色彩效果，更能表现出花季少女艳丽动人的特点。

其三，有一种跟冬青类似的树叫女贞。为什么叫女贞呢？明代李时珍《本草纲目》解释说：

此木凌冬青翠，有贞守之操，故以贞女状之。

《琴操》载鲁有处女，见女贞木而作歌者，即此也。

《琴操》为东汉蔡邕所作，今已亡佚，但其中的"鲁有处女"的故事很多典籍都有转引，《后汉书·卢植传》"漆室有倚楹之戚"句下唐代李贤注所引比较详细：

说鲁国有个漆姓人家，家有一女，有一段时间总唱一些悲伤的歌曲。邻居见她这么伤感，就问她："你是不是欲火中烧想嫁人了？"漆室女说："可叹啊！你胸无大志，如此不理解人！从前楚国有人得罪了国

〔清〕恽寿平《菊花轴》

籬邊佳種自幽清直把群芳粉艷

輕泠淡比於高隱士太真西子珥君名

康戌秋日南田草衣題於甌香閣

菊元人王瀹軒之工秀周草
以之清妍不如唐解元之高逸
圖嘗師之為之元人小黑
己酉二月東圖壽平

君，逃亡来到我家东邻，他的马因失控踩踏了我家园中的葵菜，使我一年菜不够吃。我家西邻的羊丢了，让我哥去找，我哥在寻找过程中溺水身亡，使我从此没有哥哥。这些都是政府管理不力导致的。我忧伤国事，心悲而歌，哪是想嫁人了？"为了证明自己的清白，这位处女走入山林，在女贞树下援琴悲歌一曲之后，上吊自杀了。后人把她弹的琴曲叫《处女吟》或《贞女引》。

女贞树因凌冬青翠而被人们认为有贞守之操，这跟黄花因凌霜开放而被人们认为有贞节操守如出一辙。在鲁女的故事中，处女以女贞树自比；在"黄花闺女"的说法中，人们用黄花比喻处女，两者也是无独有偶，殊途同归，正好可以互相比照。

可见，说"黄花闺女"中的黄花指菊花，跟古人的菊花文化观念是契合的。

人们喜爱菊花的第三个原因是菊花有很好的药用价值和很高的营养价值，对身体健康大有裨益。东汉应劭《风俗通》中记载说：南阳郦县有一道山谷，人称甘谷，因为谷中的水喝起来很甘甜。谷两边的山上长满了大菊，水从山上流下来，菊花的滋液浸润到水里。甘谷中住着三十余户人家，他们都饮用甘谷中的水，都很长寿，年岁大的有一百二三十岁，中等的也有一百来岁，活上七八十岁而死的人这里被视为夭折，这都源于菊华有轻身益气的功效。司空王畅、太尉刘宽、太尉袁隗在任南阳太守的时候，让郦县每月送谷水二十斛，用于饮食。这三位官员都患有头风目眩的疾病，因饮用谷水都痊愈了。这表明古人对菊花的医疗保健价值很早就有认识。

今河南南阳境内有宝天曼国家级自然保护区，是中原地带唯一保存完整的森林和野生动物类型生态区，山上生长野菊。河南作家周同宾在散文《采菊宝天曼》中称这里的菊花"简直可以用塑料袋装了，出口换美元……途中，香了一路，到家，香了满屋。我不独带回了宝天曼的斑斓秋色，也带回了那片古老的处女地亿万斯年造化的灵秀之气"。应劭所说的甘谷很可能就是宝天曼中的一道山谷。今天的内乡仍然很重视菊花，每年11月5—15日都要举办"内乡菊花节"。

有很多文献都提到菊花可以治病。西晋潘岳《秋菊赋》云：

　　既延期以永寿，又蠲疾而弭痾。

"蠲疾""弭痾"都是消除疾病的意思。唐代孙思邈的《备急千金要方》卷四十二中收录的治疗落枕的方法是：九月九日采摘菊花放入枕套，每天睡觉用此枕，效果不错。《备急千金要方》卷七十五中还说把九月九日采摘的菊花研成碎末，每次喝酒前吃上一小勺，能防止醉酒。明代棓朱橚的《普济方》卷四十七中说：把九月九日采摘的菊花晒干，取一斗糯米蒸熟，拌上五两菊花碎末，放入酒曲，等酒熟了，即除去渣滓。每天喝上一小杯，可治头晕目眩。

上面这些医方中都讲究要用九月九日采摘的菊花，大约只是反映了重阳采菊的传统习俗，不一定有什么科学道理，早一天或晚一天采的未必就不行。不过菊花治病的说法是有实践依据的。

古有服食菊花返老还童的传说。《列仙传》中说有个叫文宾的人，娶过好几个妻子，每个妻子跟他过上十几年就被休弃。有个被休弃的妻子九十多岁了，有一次碰见文宾时见他还那么年轻，便向文宾请教养生之道，文宾就让她服食菊花等植物。老太太吃了菊花等植物后又变年轻了，又活了一百多年。更为神奇的是服菊能够成仙。晋代葛洪的《神仙传》中说，有个叫康风子的人服食甘菊花、柏实散，最后成仙了。宋代陈景沂的《全芳备祖前集》卷十二中说，有个叫朱孺子的道士，是三国时期的人。他入玉笥山修炼，服食菊花，最后乘云升天了。这些固然都是虚夸不实之词，不过从营养学角度分析，菊花花瓣含有 17 种氨基酸，其中谷氨酸、天冬氨酸、脯氨酸的含量较高，还富含维生素及铁、锌、铜、硒等微量元素，具有很高的营养价值，长期食用，可收到"利血气、轻身、延年"的功效。可见人们饮菊食菊以求健康长寿还是有科学道理的。

三国魏国的钟会在《菊花赋》中把菊花的美德概括为五个方面：

　　夫菊有五美焉：圆花高悬，准天极也；纯黄不杂，后土色也；早植晚登，君子德也；冒霜吐颖，象劲直也；流中轻体，神仙食也。[1]

花朵是圆形的，象征着天；花色是黄色的，象征着地；春天栽种，晚秋开花，不与凡花争艳，有君子之德；冒着严霜吐蕊，生性坚强耿直；可用来泡酒，是长寿食品。宋人史正志《史氏菊谱》中总结菊的功用说：

---

1 "流中轻体"，《艺文类聚》卷八十一和《太平御览》卷九九六所引都是如此，明董斯张《广博物志》卷四十二作"杯中轻体"，宋史正志《史氏菊谱》作"杯中体轻"，宋陈景沂《全芳备祖集前集》卷十二作"抔中体轻"。原文当为"流英轻体"，谓菊花漂浮酒上，体态轻盈。晋潘尼《秋菊赋》："泛流英于青醴，似浮萍之随波。"与钟会语意同。"英"古或通"央"。《诗·小雅·出车》："旐旟央央。"《经典释文》："央本亦作英。"《史记·匈奴列传》："杀代郡都尉朱英。"《汉书·匈奴传》作"朱央"。盖"流英轻体"讹作"流央轻体"，"流央"再讹作"流中"，"流中"意不可通，进而改为"杯中"。作"抔"又为"杯"字之讹。

苗可以菜，花可以药，囊可以枕，酿可以饮，所以高人隐士篱落畦圃之间不可一日无此花也。

宋代胡少瀹《菊谱序》把菊花之美进一步概括为七点：

一寿考，二芳香，三黄中，四后凋，五入药，六可酿，七以为枕。明目而益脑，功用甚博。

这些赞誉菊花是当之无愧的，从中我们也就不难理解古往今来的人们喜爱菊花的原因了。

重阳节对联集锦

重阳节之时虽然没有张贴对联的风俗，但文人登高宴饮时赋诗作对的风气古来一直很流行。另外，有些事情跟重阳有关，作对联时涉及重阳，所以就有了一些有关重阳节的对联。对联往往蕴含典故，理解起来会有障碍。不过有了我们上面讲述的重阳节的历史演变及其风俗习惯，理解起来大都能心领神会。现把我们搜集的有关重阳节的对联以字数为序胪列如下，供您欣赏或参用。需要注意的地方我们略加说明和提示，也是对重阳风俗的一点补充。

搜集过程中发现原出处有错误的，我们根据其他资料或对联内容做了订正。如"黄菊倚风村酒熟，紫门临水稻花香"一联，其中的"倚"字有些讲对联的书上写作"绮"，"绮"是个形容词，跟它相对的"临"是个动词，不符合对联的要求，而"倚"字跟"临"字对仗工稳，所以作"绮"应该是形误。此类问题我们不一一说明，相信读者自能分辨出是非优劣。

延寿

登高

重阳谷

端午桥

说明：清吴恭亨《对联话》卷十四《谐谑》："顺德府知府有名'重阳谷'者，人举以对'端午桥'，绝为工谐。"

黄花宴

红叶诗

说明：唐代流传着不少红叶题诗的故事，情节略同而人事各异。唐宣宗时，有个叫卢渥的人来到御沟边，从流水中捡起一片红叶，见上面题一绝句云："流水何太急，深宫尽日闲。殷勤谢红叶，好去到人间。"他把红叶带回家藏在箱子里。后来宫中放出宫女择配，没想到嫁卢渥的竟然是红叶题诗的宫女。（见唐代范摅《云溪友议》卷十。）唐僖宗时，宫女韩氏以红叶题诗，让红叶自御沟流出，为于佑所得。于佑也题一叶，投御沟上流，为韩氏所得。不久，宫中放宫女三千人，于佑恰好娶了韩氏。成婚之日，各取红叶相示，方知红叶是良媒。（见宋代刘斧《青琐高议》前集卷五《流红记》。）另外，唐玄宗时，诗人顾况于苑中流水上得一大梧叶，上题诗云："一入深宫里，年年不见春。聊题一片叶，寄与有情人。"顾况也在树叶上题诗和之。（见唐代孟棨《本事诗·情感第一》。）唐德宗时贾全虚看见一朵花从御沟流来，旁连数叶，叶上题诗。贾全虚悲想其人，为之流泪。德宗闻知此事，便将题诗人凤儿赐配贾全虚。（见宋人王铚《补侍儿小名录》。）后两则故事虽然没说是红叶，但与红叶题诗大同小异。后人以"红叶题诗"为托物传情之典。如宋代张孝祥《满江红》词："红叶题诗谁与寄，青楼薄幸空遗迹。"红叶又是秋天的象征，重阳登高往往赋诗，故以"红叶诗"对"黄花宴"。元代卢挚《沉醉东风·重九》散曲也是以"黄花""红叶"相对："题红叶清流御沟，赏黄花人醉歌楼。天长雁影稀，月落山容瘦，冷清清暮秋时候。衰柳寒蝉一片愁，谁肯教白衣送酒。"

三三令节

九九芳辰

说明："三三令节"指九月，"九九芳辰"指九日。

凤岭设赏

龙山落冠

说明：凤岭，西晋刘弘、山简等著名人士九日宴赏之所。参"登高宴饮"一节。龙山落冠指晋代孟嘉事。"凤岭"对"龙山"，堪称绝配。

愁闻风雨

宴会湖山

说明：湖山，用临海郡湖山宴会之典。参"登高宴饮"一节。

登高赋诗

含饴弄孙

三三迎令节

九九乐芳辰

有人来送酒

容我去题糕

说明：送酒，用王弘派人为陶渊明送酒之典。参"菊花"
一节。题糕，用刘禹锡不敢题糕字之典。参"重阳糕"一节。

冒雨先寻菊

迎晴便插萸

临风乌帽落

送酒白衣香

说明："乌帽"用晋代孟嘉之典，"白衣"用王弘派人为
陶渊明送酒之典。"乌帽"对"白衣"，非常工整。

院闭青霞入

松高老鹤寻

说明：唐代薛用弱《集异记·徐佐卿》："益州城距郭十五里有明月观焉，依山临水，松桂深寂，道流非修习精悫者莫得而居。观之东廊第一院尤为幽绝，每有自称青城道士徐佐卿者，风局清古，一岁率三四而至焉。观之耆旧因虚其院之正堂，以俟其来。"此联即用此故事。

黄花开正好
秋雨落宜时

黄花如有约
秋雨即时开

秋奉椿萱茂
菊同兰桂馨

说明：《庄子·逍遥游》谓大椿树长寿，后世因以椿称父。《诗经·卫风·伯兮》："焉得谖草，言树之背。"毛传："谖草令人忘忧；背，北堂也。"谖草即萱草，又叫忘忧草。古人在北堂前种萱草，而北堂为主妇居室，所以后来用"萱堂"指母亲的居室，因以萱借指母亲。椿、萱连用，代称父母。兰桂，兰草和桂树，古代用来比喻子孙后代。如《红楼梦》第一二〇回："现今荣宁两府，善者修缘，恶者悔祸，将来兰桂齐芳，家道复初，也是自然的道理。"

敬老成时尚
举贤传德风

拈菊欣忆旧
抚幼励承先

观菊来瑞鹤
绕膝戏玄孙

题糕惊僻字
飞屐发豪情

说明：《南史·谢灵运传》载：谢灵运家中富有，喜欢游山玩水。登山时常穿木屐，木屐底部有防滑的木齿装置，上山时卸下前齿，下山时卸下后齿，上下山很方便。"飞屐"表示行走快速。宋代吕声之《九日登资福山呈胡宣教》："飞屐来登最上峰，千山拥翠景无穷。"

避恶茱萸囊

延年菊花酒

孰是题糕手

徒夸赐菊荣

黄花多如栗里

古寺高出柳阴

说明：此联为吴昌硕 1890 年撰书，西泠印社藏品。款署："庚寅重九，偕疣琴、石墨登芦子城，涉西郭村野，乘兴归来，集《石鼓》十二字，就砚池剩墨作此。用笔虚处见灵，实处见古，惜不能起仪老观之。昌硕吴俊记于沪上寓楼。"小字补记："此联三十年前所作，恶劣无状，子坚老兄以为不俗，购而县（悬）坐右，嗜痴之癖深矣。癸亥冬仲老缶书，时年八十。"吴昌硕（1844—1927），清末著名书画家，初名俊，又名俊卿，字昌硕，别号仓硕、老苍、老缶、苦铁、大聋、缶道人、石尊者等，浙江安吉人。

栗里，地名，在今江西省庐山市温泉栗里陶村，陶渊明曾在此居住。南朝梁代萧统《陶靖节传》："江州刺史王弘欲识之，不能致也。渊明尝往庐山，弘命渊明故人庞通之赍酒具于

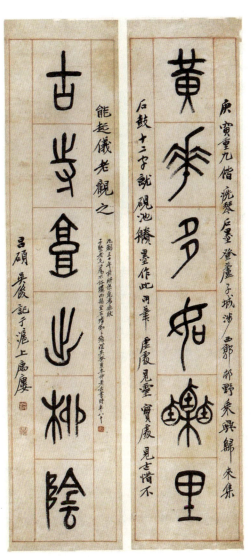

〔清〕吴昌硕手书对联

半道栗里之间邀之。"宋代陈舜俞《庐山记》卷二："昔陶元
亮居栗里山南。"

一片秋香世界

几层凉雨阑干

菊花金秋傲霜

梅花隆冬斗雪

夏至酉逢三伏热

重阳戊遇一冬晴

说明：清人梁章钜《楹联丛话》卷一《故事》引清代褚人获
《坚瓠集》的记载说：明代万历辛丑年九月九日，著名学者焦竑
邀请好友登谢公楼宴饮。闲聊之时，有人说："我曾看见钦天监
的庭柱上有这样一副对联：夏至酉逢三伏热；重阳戊遇一冬晴。
但如今流传的谚语说：夏至有风，重阳无雨。看来这谚语是讹
传。"梁章钜说，今天流行的谚语上句作"夏至有雷三伏冷"，
下句作"重阳无雨一冬晴"。往往有验。钦天监是朝廷里观测天
象的机构，所以官署前的柱子上写有跟气象有关的对联。这副对
联的意思是说：如果酉日这一天是夏至，那么三伏天就很热；如

果戊日这一天是重阳，整个冬天都是晴天。梁章钜的儿子梁恭辰继承父志编《巧对续录》，其书卷下引明代朱国桢《涌幢小品》中的记载云："俗语云：'夏至有风三伏热，重阳无雨一冬晴。'验之殊不然，及阅《感精符》云：'夏至西逢三伏热，重阳戊遇一冬晴。'乃知俗说之讹。"朱国桢认为"重阳无雨一冬晴"是"重阳戊遇一冬晴"的讹误。其实这种说法由来已久，并非讹误。南宋周必大《周益公日记》（明徐应秋《玉芝堂谈荟》卷二十一引）："夏至有雷三伏冷，重阳无雨一冬晴。"明代徐光启《农政全书》卷十一《农事·占候》："夏至无云三伏热，重阳无雨一冬晴。"可见这是一则流传很广的谚语。不过"重阳戊遇一冬晴"的说法也是有民俗基础的。河北《庆云县志》载："重阳遇戊一冬晴。"成都《蒲江县志》云："夏至逢辛三伏热，重阳遇戊一冬干。"所以"重阳戊遇一冬晴"和"重阳无雨一冬晴"两种说法都是可以成立的。但都能成立只是表明民众有此俗信，并不是说都有科学道理。梁章钜说"往往有验"，朱国桢却说"验之殊不然"，表明对这种说法也是仁者见仁，智者见智。这两种说法甚至还自相矛盾，因为人们有日期逢戊容易下雨的说法。如《周益公日记》："久晴逢戊雨，久雨望庚晴。"明代陶宗仪《说郛》卷二十七下引南宋周密《浩然斋视听抄》："赵云洲云：凡遇戊午己未日，天必变雨。"照此说来，"重阳戊遇"相当于重阳有雨，岂不是跟"重阳无雨一冬晴"的说法刚好相反？从科学的角度来看，人为安排的戊日及九月九日跟自然的天气是没有什么必然联系的，它只是反映了人们对夏至、重阳等特殊日子的关注而已。

事实上农民更希望重阳下雨，因为在他们看来，重阳下雨预示着来年是个丰收年。《四时占候》中说："九月雨大宜收禾。又云：九月九日是雨归路日，有雨来年熟。"元末娄元礼的《田家五行》中有"九日雨，米成脯""重阳湿漉漉，穰草钱千束"的谚语（清李光地等《御定月令辑要》卷十六）。

三径谁从陶靖节

重阳唯有傅延年

说明：梁章钜《巧对录》卷二："《本草》：'菊一名傅延年'，朱新仲句：'三径谁从陶靖节，重阳唯有傅延年。''靖节''延年'之对，前未有用者。"这段话源自南宋王应麟的《困学纪闻》卷十八《评诗》。朱新仲即宋代朱翌，新仲为其字。东汉赵岐《三辅决录·逃名》中说：西汉蒋诩辞官返回乡里，用荆棘挡住门，院中有三条小径，他从不外出。只有求仲、羊仲二人跟他有往来。后人便用"三径"指归隐者的家园。陶渊明《归去来辞》："三径就荒，松菊犹存。"

三径归时秋菊在

满城近日雨风多

说明：宋代胡仔《苕溪渔隐丛话前集》卷五十二引宋代惠洪《冷斋夜话》云：黄州潘大临善于写诗，有不少佳句，苏轼、黄庭坚很欣赏他的诗作。但潘大临家境贫寒。临川谢无逸写信问他："进来有新作吗？"潘大临回信说："秋天的景物每一件都是佳句，恨为世俗风气所遮蔽。昨天正在床上安逸地躺着，听到风雨搅动树林的声音，来了诗兴，便起身在墙壁上题写起来。谁知刚写了'满城风雨近重阳'一句，催税的人来了，大为扫兴，就再也写不出来了。所以只把这一句向您奉寄。"听说这件事的人都笑潘大临的迂阔。然而潘大临却因这一句诗出了名，"满城风雨"后来也成了成语。重阳诗词对联提到风雨的，多与此典有关。

这里不说"风雨"而说"雨风"是为了平仄的协调。对联的上下联要求平仄相对，一般以两个音节为一节拍单位。此联上下联的平仄分别是：平仄平平平仄仄，仄平仄仄仄平平。如果说成"风雨"，平仄就对不上了。

三径就荒菊绽蕊

一堂大喜雁来宾

说明："雁来宾"谓雁来客居，指九月有宾客来临。《礼记·月令》中说：季秋九月，"鸿雁来宾"。古人认为北方是大雁的故乡。九月份大雁飞到南方，对南方来说，大雁如同是来宾。另有"雁来客"的说法，泛指旅居他乡的客人。清代翟灏《通俗编》卷二十九《禽鱼》："世俗谓旅寓人曰雁来客。"

小雨酿寒侵白苎

西风怜醉避乌纱

说明：这是元代周权《九日》诗中的句子。白苎：白色的苎麻。

黄花白酒重阳近

石枕匡床六月寒

说明：此联为清末沈曾植撰书，北京海王村画廊收藏。款署："抱存仁兄大雅，寐叟。"

匡床，一种坐卧两用的家具，四周或三面有挡板或围栏，相当于床边安有框架，故称匡床。该名早见于先秦，后世一直沿用。《汉语大词典》："匡牀，亦作'匡床'。安适的床。一说方正的床。"两解均不可取。匡无安适义。匡虽有方正义，

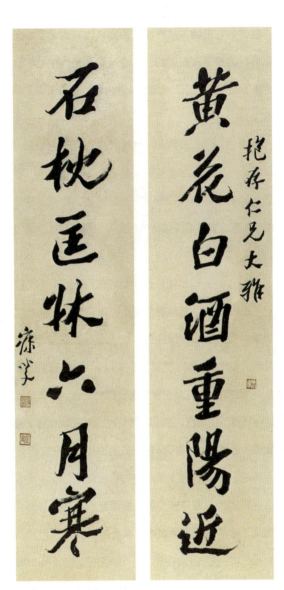

黄花白酒重阳近

石枕匡床六月寒

抱存仁兄大雅

寐叟

〔清〕沈曾植手书对联

但床一般都是方形的，“方床”的命名没有意义。匡床是相对于没有框栏的普通床而言的，比普通床高档，这也许是人们将匡床解释为“安适的床”的原因。

劝君一醉重阳酒

邀月同观敬老花

说明：敬老花，指菊花。

乌台好仿黄花宴

凤笛催成红叶诗

说明：元代萨都剌《九日登石头城》：“乌台宾主黄华宴，未必龙山是胜游。”乌台，官署名，即御史台，专司弹劾之职。凤笛，一种笛子。唐代卢照邻《赠许左丞从驾万年宫》诗有“黄山闻凤笛”之语。

步步登高开视野

年年有度喜重阳

靖节挂冠归隐去

孟生落帽快登临

孟参军龙山落帽

陶居士三径衔杯

何处题糕酬锦句

有人送酒对黄花

黄菊倚风村酒熟

柴门临水稻花香

年高喜赏登高节

秋老还添不老春

说明：不老春，一种古酒。宋代常梽《题平江集仙宫》：

"红尘物外常清境，白日壶中不老春。"

话旧他乡曾作客

登高佳节倍思亲

登高喜度老年节

赏秋畅饮菊花酒

乌帽凌风，参军举止

白衣送酒，处士风流

败兴无端，满城风雨

登高何处，插鬓茱萸

高阁滕王，何人赋就

曲江学士，此日齐来

说明：唐代重阳节，皇帝常为学士赐宴于曲江。参"登高宴饮"一节。

习射谈经，天高地爽

佩萸插菊，人寿花香

说明："谈经"指东晋孝武帝重阳日与臣下研读《孝经》之事，当时传为美谈。《太平御览》卷三十二引南朝宋代檀道鸾《续晋阳秋》："宁康三年九月九日，上尝讲《孝经》，谢安侍坐，陆约（纳之误）并卞耽执读，谢石、袁宏并执经，车胤、王温摘句。"

天气欲重阳，几番风雨

登临望故国，万里山河

开上寿初筵，九十曰耄

后重阳一日，八千为秋

说明：这副对联是清代道光时期的文人严问樵为侯理庭太
守的母亲撰写的寿联（见梁章钜《楹联丛话》卷九《佳话》）。
古代把寿命分为上、中、下"三寿"，"上寿"是最高的寿命。
当时侯氏的母亲已九十高龄，故云"九十曰耄"。侯母的生日
为九月初十，故下联云"后重阳一日"。《庄子·逍遥游》中
说上古有一种大椿树，"以八千岁为春，八千岁为秋"。后人
常把这两句话用作长寿的典故。

双庆临门，家庆欣逢国庆

三阳播彩，小阳喜叠重阳

说明：2003 年 10 月 4 日为重阳节，正值国庆节期间，故
云"家庆欣逢国庆"。古称农历十月为小阳，此联以公历 10 月
为小阳，似有不妥。

上旬上，中旬中，朔日望日

五月五，九月九，端阳重阳

说明：朱恪超编《古今巧联妙对趣话》："据说有一年端午节，解缙应朋友之约赴宴。席间有人想难倒他，出了条上联，请解缙续对。其上联云：上旬上，中旬中，朔日望日。解缙好像早已料到，随口答曰：五月五，九月九，端阳重阳。""上旬上"谓上旬第一天，每月第一天为朔日；"中旬中"谓中旬中间之日，即十五，十五或称望日，故下文云"朔日望日"。上下联前二句各为回文，而对句比出句更加自然，十分难得。很多论著中将此联归之解缙，但未见可靠依据。饶宗颐纂修《潮州志·丛谈志·事部·宗道捷对》引明陈天资修《东里志》："曹宗，字宗道，饶平神泉人，幼聪敏，称为神童，七岁能作对。或试之云：'五月五九月九，端阳重阳。'宗应声曰：'上旬上，中旬中，朔日望日。'"可知此联乃明代曹宗所作。

绿竹本无心，遇节即时挨不过

黄花如有约，重阳以后待何迟

说明：梁章钜《巧对录》卷八："《三山笑史》中有一条，语虽近俚，而对句极巧便浑成。果尔，则宾主皆通人，其互嘲亦工力悉敌矣。因节录之。云：有村馆延师课子者，故事每遇七夕，师若住馆，主人例设酒筵以娱客。师亦习闻其说。适遇七夕，师探知厨中并未庀具（备办酒宴），至夜寂然，因呼其徒命对云：'客舍凄清，恰是今宵七夕。'徒不能对，以告其父。主人知其意，笑曰：'我忘之矣！'因代对云：'寒村寂寞，可移下月中秋。'迨至中秋，又寂然。师复呼其徒命对云：'绿竹本无心，遇节即时挨不过。'其父笑曰：'我又忘之，奈何？'因复代对云：'黄花如有约，重阳以后待何迟？'其师无如之何。直至重阳，又寂然。复呼其徒命对云：'汉三杰：张良、韩信、狄仁杰。'其父大笑曰：'师误矣！三杰是汉人，狄仁杰是唐人，师忘之乎？'师语其徒曰：'我实不忘。汝父前唐后汉记得许熟，乃一饭而屡忘之乎！'"

贤守例能诗，忆昔笑言陪九老

诘朝期相见，恼人风雨是重阳

说明：梁恭辰《楹联四话·厅宇·酬赠》载：清代郑绍谦曾任滇南太守。卸任归田后，常与家乡德高望重的人们一起轮流做东，诗酒宴乐。有一天，大家又会聚到一起，然而郑绍谦忽然中风不能说话。第二天是重阳节，郑绍谦竟与世长辞。朱琦给他撰写了一副挽联，云："贤守例能诗，忆昔笑言陪九老；诘朝期相见，恼人风雨是重阳。"唐代白居易与胡杲、吉皎、刘真、郑据、卢贞、张浑七人年老退居洛阳，于会昌五年（845）二月二十四日举行尚齿之会，并各自赋诗以记其事。这年夏天，李元爽及僧如满也告老回到洛阳，和白居易他们七人又搞了一次九老尚齿之会，还画了一幅《九老图》。后人用"九老"指告老还乡者及告老还乡者的聚会。如宋代范仲淹《依韵酬太傅张相公见赠》："卧龙乡曲多贤达，愿预逍遥九老中。"

> 九九芳辰，幸未遇满城风雨
> 三三佳节，好共登附郭云山

> 夜气大寒，霜降茅檐如小雪
> 日光端午，清明水底现重阳

说明：此联见清代徐珂编《清稗类钞·文学类》，用节气和节日名作对，语义双关，又非常自然。

> 八十君王，处处十八公道旁介寿
> 九重天子，年年重九节塞上称觞

说明：梁章钜《楹联丛话》卷二《应制》载：乾隆皇帝每

年巡幸热河，中秋的次日一定进住木兰围场，重阳前后离开木兰围场。路上要经过一个万松岭的山，山上长满了郁郁葱葱的青松，是重九日乾隆登高的场所。乾隆五十五年（1790），乾隆前往木兰围场时在万松岭驻扎，环视行宫，要求侍从彭元瑞（号芸楣，谥文勤）把行宫上挂的旧楹联换新联，等从围场返回登高时阅览。彭元瑞构思了好几天，想出了一句意境很贴切的上联："八十君王，处处十八公道旁介寿。""十八公"合起来是"松"字，切合万松岭。"介寿"是祈求长寿的意思，松树是青春永驻的象征，重阳又是祈寿的日子，所以上联既应景，又切时。但彭元瑞怎么也想不出一句好的下联，便派手下的人向纪昀（字晓岚，谥文达）求对。纪昀笑着说："芸楣又来考我了？"他让来使站着稍待，很快在纸上写就，让来人带走了。彭元瑞打开一看，对的是："九重天子，年年重九节塞上称觞。"感叹说："晓岚真胜我一筹矣！"乾隆回銮京城的时候，这副对联大蒙称赏，特赐彭元瑞八件珍宝。彭元瑞跪在地上说："上联是臣所撰，我对不出下联，是请纪晓岚对的。请把赏赐给纪晓岚。"乾隆说："上下联都很好，你自应领你的赏。"随即给纪昀另赐一份。

后记

　　本书初版于 2009 年，倏忽已过十三年，市面上早已脱销。现在天津人民出版社决定重新出版这套丛书，趁此机会我对全书做了一番增补修订。

　　一是订正了初版中的一些错误表述及文字差错。如原说康熙五十二年的老人宴赴宴者"两千余人"，康熙六十一年的千叟宴邀请老人"三百四十人"，两个数据这次分别更正为 6845 人及 1020 人。原说"糕"这个名称出现于六朝末年，源自餻的讹误，这次订正为糕（餻）始见于西汉，餻是餻的俗字或异体。唐赵彦伯《奉和九日幸临渭亭登高应制得花字》诗"年年共避邪"，"避"据原文改作"辟"；《太平府志》"谓之禳疫"，"疫"据原文改作"灾"。

　　二是对一些不确切的内容做了补充，使信息更为准确。如原文"宋人著作《金坡遗事》"，"宋人著作"明确为"北宋钱惟演"。初版中讲述了乾隆皇帝与纪晓岚创作"花甲重开外加三七岁月，古稀双庆内多一个春秋"对联的故事，今指出此故事最早见于一段叫《寿比南山》的传统相声，创作时间不早于民国。初版中据流行说法，说下面这副对联是解缙作的："上旬上，中旬中，朔日望日；五月五，九月九，端阳重阳。"今查明此联出自明代曹宗之手。此类订补，为数不少。

三是删除了一些今天已不合时宜的内容。

四是插图大都做了更换。

博士生汪燕洁和詹静珍帮我校对书稿，拾遗补阙，在此表示感谢。

经过此番增订，丰富了重阳节的内容，提高了表述的准确性，面貌焕然一新。但书中差错仍然难免，祈请读者批评指正。

杨琳

2022 年 1 月 29 日于南开大学西南村